世界水泳 福岡2023

CONTENTS

大会スケジュール

テレビ朝日系列で放送!
最新情報はコチラ

競泳 7.23日-30日

アーティスティックスイミング	7.14金-22土
飛込	7.14金-22土
水球	7.16日-29土
オープンウォータースイミング	7.15土-20木
ハイダイビング	7.25火-27木

※掲載情報は2023年5月10日時点
※年齢は世界水泳開幕日2023年7月14日時点

世界水泳 福岡2023

始まる

7/14 FRI 開幕

世界水泳とは？

2年に1度開催される水泳の世界選手権。オリンピックでは行われない種目もあり、世界中のトップスイマーたちが集結する“真の水泳世界一”決定戦である。2020年以降、新型コロナウイルスの影響を受け、変則的な開催となっているが、この福岡大会は来年のパリ五輪の前哨戦としても、重要な意味合いを持つ。

福岡からパリへ

- 2024年 パリ五輪
- 2024年 世界水泳 ドーハ
- 2023年 世界水泳 福岡
- 2022年 世界水泳 ブダペスト
- 2021年 東京五輪
- 2019年 世界水泳 韓国・光州

過去を超える
世界の頂上決戦、

22年ぶりに世界水泳が日本・福岡に帰ってきた!
東京オリンピックでかなわなかった有観客での開催!
テレビ朝日系列地上波・BS朝日・CSテレ朝チャンネルにて放送!

2023年7月14日、世界最大の“水泳の祭典”が福岡で開幕する。
ここには、誇りと覚悟を胸に臨む日本選手や、そこに立ちはだかる世界の超人たち、
そして大会を支える多くの人々の思いや挑戦が詰まっている。
22年前の熱狂を超え、熱い戦いが繰り広げられる17日間を、私たちも味わいつくそう。

THEME

01 ▼見どころ

テレビで中継を見る派も現地で観戦する派も知っておきたい、世界水泳を楽しむためのポイントを紹介。水泳競技の幅広さや奥深さに触れて、自分なりの楽しみ方を見つけよう。

17日間で75種目の世界一が決定

水泳競技の祭典

世界水泳で行われるのは、オリンピックよりも多い 6 種別 75 種目。タイムを競うものから技術や美しさを採点するもの、ボールを使って得点を争うものまで、水泳競技の多彩さを満喫できる、最大規模の世界大会だ。

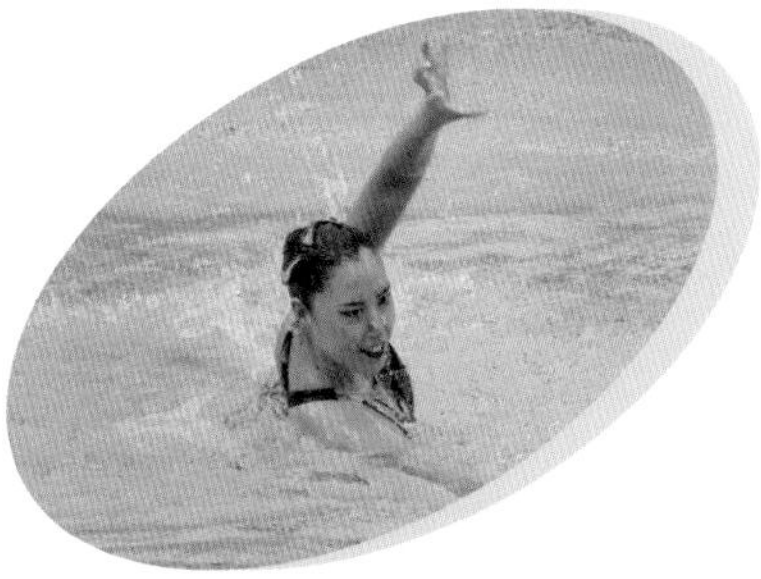

アーティスティック スイミング

競泳

水球 写真:アフロ

飛込

ハイダイビング 写真:AP/アフロ

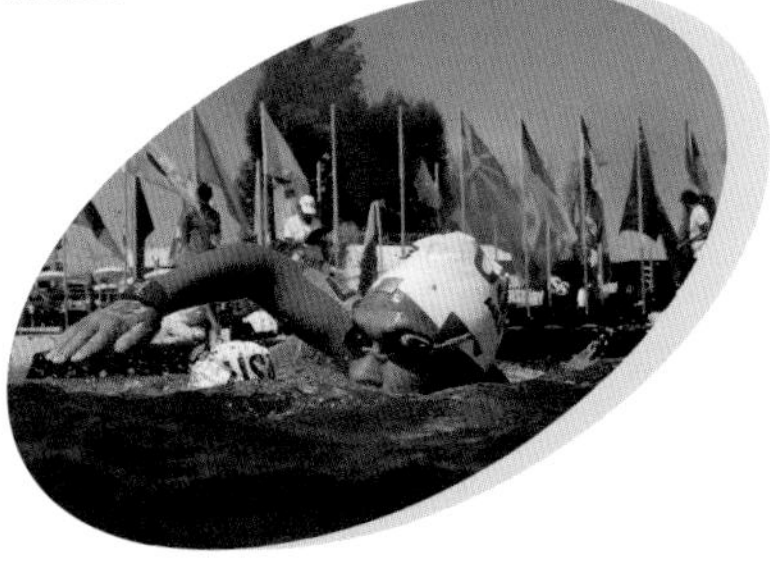

オープンウォーター スイミング 写真:ロイター/アフロ

KOTANI

アーティスティックスイミングでは、男女ソロやミックスデュエットも実施されます。五輪とは違う演技の幅や質が期待でき、私も楽しみです。

HAGINO

まさにオールスターが勢揃いする大会。どんな選手が出るのか知れば知るほど楽しめるので、ぜひ事前に選手のことを知ってほしいです。

パリ五輪の前哨戦

世界のトップスイマーが真剣勝負!!

応援を力に変えて!

待ちに待った観客の前での競技

世界水泳福岡2023
メインキャスター

松岡修造

SHUZO MATSUOKA

2001年世界水泳福岡から12回連続で出演

1986年よりプロテニスプレイヤーとして世界を舞台に活躍。その後はオリンピックをはじめ、スポーツの国際大会の中継などを担当。世界水泳中継（テレビ朝日）の顔として、2001年福岡大会からメインキャスターを務める。

世界水泳 キャスター&解説陣に聞きました!

世界水泳の楽しみ方は？　どこに注目すればいいの？――世界水泳にさまざまな形で関わってきた立場ならではの視点で、観戦のポイントをお話しいただきました。

YASUDA

写真:アフロ

水球男子はパリ五輪で勝負するためにも、世界水泳初のベスト8進出を果たしてほしい。女子も予選ラウンドで1勝を勝ち取って！

パリ五輪前年となる今大会には、その戦いも見据えて世界のトップスイマーたちが集結し、豪華でハイレベルな戦いが期待できる。競泳日本代表は、金メダル獲得でパリ五輪代表に内定。一足先に代表権を獲得する機会でもある！

飛込のパリ五輪出場枠は、今大会の個人種目で12位まで、シンクロ種目で3位までに入ると獲得できる。日本選手は、出場枠を獲得した選手がそのままパリ五輪代表に内定する。

写真:アフロ　写真:新華社/アフロ　写真:ロイター/アフロ

TERAKAWA

選手にとっては、パリ五輪に向けて、自分の強さを世界にアピールできるチャンス。ここでの戦いが来年につながってきます。

CHECK!

世界水泳福岡2023 テーマは

“ウルトラ”とは、今の自分を“超”えること。
自分自身と本気で向き合うことができれば、どんな人でも“超《ウルトラ》”になれる。
選手も“超”、選手や大会に関わる人たちも“超”。
そして応援する僕たちも一緒に“超”になって、“超”な世界水泳福岡にしよう！

TAKEDA

皆さんからの手拍子や応援の声は選手にも届いています。苦しいときこそ、選手の気持ちを奮い立たせるパワーの源になるんですよ！

MATSUOKA

観客のエネルギーは、選手だけでなく福岡が変わる力にもなる。日本や世界の人たちの思いが混ざって、どんな大会になるのか楽しみ！

テレビ朝日 世界水泳福岡2023応援団には博多華丸・大吉さんが就任！

今大会は東京五輪ではかなわなかった有観客での開催となる。開催国だからこそ届けられる大歓声は、日本選手の大きな力に変わるはず。会場で、テレビの前で、SNSで、みんなで日本選手の活躍を応援しよう！

写真:アフロ

競泳キャスター、解説

萩野公介

KOSUKE HAGINO

リオ五輪金メダル
世界水泳3つの銀メダル

0歳から水泳を始め、高校3年生の2012年にロンドン五輪で400m個人メドレーの銅メダル、4年後のリオ五輪で同種目の金を含む3つのメダルを獲得。今大会では“水泳オタク”ならではの視点で、水泳の面白さを伝える。

競泳キャスター

寺川綾

AYA TERAKAWA

ロンドン五輪銅メダル
2001年世界水泳代表

3歳より水泳を始め、高校2年生の2001年に世界水泳初出場。2012年ロンドン五輪では、100m背泳ぎ、4×100mメドレーリレーで銅メダルを獲得した。2013年に現役を引退し、現在はスポーツキャスターとして活躍中。

THEME 01 見どころ

新ルールで初の世界水泳
質の高い技への挑戦

アーティスティックスイミングでは、今年から採点方法が変わり、技一つひとつに得点がつくようになった。技の難易度と数、その完成度が大きく得点に影響し、ミスをすれば点は伸びない。難しい技を多く、確実にこなすことが高得点につながる。新ルールに対応した各国の演技が出揃う今大会で、これまでの勢力図が変わるかもしれない。

写真:Anil Mungal/アフロ

TAKEDA

同じプログラムでもミス一つで得点が変わるので、予選と決勝で順位が大きく入れ替わることも。最後までメダルの行方が分からないという試合展開も楽しめると思います。

活躍の連鎖を生み出す
トビウオジャパンのチーム力

区切られたレーンの中を一人で泳ぐ競泳。だが、一人だけで戦っているわけではない。そこにはともに練習を積み、ミーティングを重ね、絆を深めたチームの支えがある。だからこそ、日本代表チームでは、一人ひとりの活躍がチームの勢いへとつながり、プラスαの力を引き出してきた。今大会の代表チームは過去最多の 40 人、生み出す“ チーム力 ” は過去最大だ！

TERAKAWA

現役時代、レース前に観客席のチームメイトを見て、力をもらいました。ベテラン選手も初代表の選手も、それぞれの立場でチームに貢献して、力を合わせて頑張ってほしいです。

写真:アフロスポーツ

CHECK!

リレーでお家芸復活を！

自由形で速さを競うフリーリレーと各国の総合力を問うメドレーリレー。チームの結束力や引き継ぎの精度が勝負のポイントなる。過去、特にメドレーリレーで結果を残してきた日本。2013年以来のメダル奪還だ！

写真:AP/アフロ

アーティスティックスイミング
解説
武田美保
MIHO TAKEDA

2001年世界水泳金メダル
五輪3大会連続メダル

17歳で日本代表に選ばれ、2001年世界水泳福岡で金メダルを獲得。アトランタ・シドニー・アテネの3つの五輪でも銀・銅合わせて5つのメダルを獲得した。教え子の島田綾乃が今大会で世界水泳初代表入りを果たした。

アーティスティックスイミング
解説
小谷実可子
MIKAKO KOTANI

ソウル五輪銅メダル
日本オリンピアンズ協会

ソウル五輪のシンクロナイズドスイミングでソロ・デュエットともに銅メダルを獲得。引退後は指導者や解説者として活躍、東京五輪招致など国際的な活動にも携わる。2023年、30年ぶりに世界マスターズに向け競技復帰を果たした。

水中で激しく戦う
迫力とスピード

水泳競技で唯一ボールを使う水球。ボール周りの激しいポジション争いに、素早いパス回し。一瞬の隙をついて繰り出されるダイナミックなシュート。水中とは思えないタフでスピーディーな試合展開からは目が離せない！

写真：アフロ

泳ぐ、浮く、投げるのすべてのスポーツの要素が盛り込まれた、King of Sportsだと思っています！ ボールを目で追うだけでも、面白さが見えてくると思います。

YASUDA

自然を味方にして泳ぐ
水のマラソン

写真：アフロ

玄界灘を舞台に長距離を泳ぐオープンウォータースイミング。天候や波など自然を相手に、瞬時の判断や対応が求められる。選手の位置取りやペース配分といった戦略も勝負のカギだ。

オリンピックでは見られない
“超”高飛込

男子は27m、女子は20mから飛び込むハイダイビング。自然にできた崖などで行われていたエクストリームスポーツが発祥だ。回転数の多い演技にダイナミックな入水も見応えあり。

写真：AP/アフロ

CHECK!
もうひとつの世界水泳

世界水泳の翌月、あらゆる世代のスイマーが世界中から九州に集まってくる。世界マスターズ水泳が開催されるのだ。競技復帰した小谷実可子さんの演技にも注目だ。

■日程：2023年8月2日（水）～11日（金）
■会場：福岡市・熊本市・鹿児島市

2秒弱で魅せる
技と美の競演

1～10mの高さから飛び出した選手が、鋭い回転や捻りでクルクルと体勢を変え、水中に体を沈める。その時間わずか2秒弱。空中での演技の迫力と、入水の美しさの対比で魅せるその一瞬は、何よりも濃密な時間だ。

TERAUCHI

一瞬の演技でも、選手の体感ではもっと長く思えることもあります。会場の張り詰めた緊張と静寂が、入水とともに歓喜に変わる。その緩急も飛込ならではの空気感ですね。

現役選手にも特別に
コメントいただきました！

飛込選手
寺内健
KEN TERAUCHI

2001年世界水泳銅メダル
飛込界のレジェンド

15歳でアトランタ五輪に出場。2001年世界水泳福岡で3m飛板飛込で銅メダルを獲得した。日本の飛込競技のエースとして活躍を続け、2021年東京五輪では、日本人最多タイとなる6度目の五輪出場を果たした。ミキハウス所属。

水球解説
保田賢也
KENYA YASUDA

リオ五輪出場

小学生で水球を始め、2008年に日本代表入りし、センターバックとして活躍。2016年に日本水球男子で32年ぶりの五輪出場を果たした。傍らで芸能活動を始め、2014年からはテレビ番組『テラスハウス』にも出演していた。

THEME

02 ・イチオシ選手

約200の国と地域から、2400人ほどの選手が集まる今大会。実績十分な実力者から期待の成長株、試合の展開を左右するキーパーソンまで、今大会でイチオシな選手を紹介！

本多灯《ともる》

日本

バタフライ　個人メドレー

東京五輪銀メダル、世界水泳2022銅メダル
成長し続ける日本のエース

HAGINO

ここ数年で急成長を遂げてこの大会に出てきた選手は、世界にも日本にもたくさんいます。しかし！　ここは瀬戸選手、水沼選手、本多選手という世界水泳の表彰台を知っている3人に活躍してもらって、日本チームを盛り上げてもらいたいですね。

サマー・マッキントッシュ

カナダ　自由形　バタフライ　個人メドレー

写真：ロイター/アフロ

圧倒的な技術で
世界記録を連発
とどまるところを
知らない16歳

TERAKAWA

マッキントッシュ選手はとにかくかわいい（笑）。レースでは軽い泳ぎに注目してみてください。彼女と同い年の成田選手には、日本の応援を力に頑張ってほしいですね。池江選手の泳ぎからは「帰ってきた！」というメッセージが感じられると思うので、応援しながら見守りたいです。

ケガを乗り越え意地をみせる
世界水泳2022 銀メダリスト

水沼尚輝

日本　バタフライ

佐藤友花・佐藤陽太郎

日本　アーティスティックスイミング

世界水泳2022銀メダルの
姉弟ペアが誇る同調性

ミックスデュエットは、男女だからこそのストーリー性とダイナミックさが醍醐味。姉弟の息の合った演技をぜひ見てほしい！

KOTANI

乾友紀子

日本　アーティスティックスイミング

ソロ女王が最高難度の
演技に挑む

演技中、15秒以上潜って脚技をする状態がほとんどという難しいプログラムは、世界で乾選手以外に泳ぎこなせません！

TAKEDA

休養から復帰後、初の世界水泳
強い池江璃花子が戻ってきた！

池江璃花子

日本　自由形　バタフライ

ダビド・ポポビッチ

ルーマニア　自由形

写真：ロイター/アフロ

100m・200m自由形2冠なるか
18歳の世界記録保持者

MATSUOKA

選手はみんな毎日、自分"超"えをして、レースに懸けてきています。だからまずはレースに注目してほしい。そして強さ以外の部分。例えばポポビッチ選手を取材したとき、僕はその人間力に惹かれました。そういうところも、見ている子どもたちに伝わるといいですね。

写真：ロイター/アフロ

"怪物"フェルプスの
記録に肉薄
世界を驚かせた
"新怪物"

レオン・マルシャン

フランス

個人メドレー　バタフライ

強さを取り戻した"世界水泳男"
世界水泳5個目の金を狙う

瀬戸大也

日本　個人メドレー

成田実《み》生《お》

日本　個人メドレー

世界ジュニア3冠の16歳
初の世界水泳でニューヒロインに

渡邉太陽

写真：アフロ

稲場悠介

日本

水球

写真：ロイター/アフロ

日本に勝利を呼び込む名ポイントゲッター

パワーの稲場、スピードの渡邉と、タイプは違いますが、高いシュートセンスを持つ2人。迫力のシュートシーンをお見逃しなく！

YASUDA

玉井陸斗

日本　飛込

銀メダルを獲った
世界水泳2022から
さらに進化

玉井選手は空中演技が素晴らしく、日本で最も金メダルに近い存在でしょう。須山晴貴選手や三上紗也可選手の活躍も楽しみです！

TERAUCHI

THEME

03

2001年の歓喜

22年ぶりに福岡に戻ってきた世界水泳。それは、2001年の熱気と感動を、世界が忘れていないから。そしてその成功の記憶は、今大会に関わる選手や関係者へと確実に受け継がれている。

北島康介が世界大会初メダル

立花美哉・武田美保組が
シンクロ※・デュエットで金メダル

写真：築田純/アフロスポーツ

引退を迷っていた時期でしたが、福岡開催ということで挑戦。『パントマイム』をテーマにしたプログラムは、当時としては非常にチャレンジングでしたが、表現することの楽しさが味わえて、さらに結果につながりうれしかったです。

TAKEDA

世界新記録も連発

日本初開催の熱狂

世界のトップスイマーが日本の福岡に集結したというだけではなく、競泳は6つの世界新記録が誕生するという記録ラッシュに日本中が沸いた、世界水泳福岡2001。日本も金メダル1、銀メダル1、銅メダル7を獲得する活躍で、日本初の世界水泳開催に華を添えた。

写真：AFP/アフロ

寺内健が3m飛板飛込で
飛込日本人初のメダルを獲得！

知り合いがみんな会場に来てくれて、その応援を力にすることができました。イアン・ソープ選手が宿泊先で「日本のパイナップルはおいしい」と感動していて（笑）、誇らしかったです。今大会でも海外の選手に喜んでもらえるといいですね。

TERAUCHI

高校2年生の寺川綾が
世界デビュー

福岡の会場の盛り上がりや、世界のトップ選手のすごさに衝撃を受けました。日本代表チームの先輩には「誇りを持って戦うこと」を教えてもらい、「私はこれから絶対にこのチームで結果を出したい」と強く決意した大会です。

TERAKAWA

CHECK!

世界初・仮設プールでの開催

メイン会場のマリンメッセ福岡は、普段はプールのないアリーナ施設。ここに日本の技術力を結集し、世界で初めて水深3mの50mプールを設置することに成功した。今大会も同様に、仮設プールでの実施となる。

写真：アフロ

"超人"イアン・ソープが
6冠4種目で世界新

※シンクロナイズドスイミング。2018年より競技名が、現在のアーティスティックスイミングに変更となった。

新しい水泳の楽しみ方を提供

水泳中継の革新

B'zの「ultra soul」をテーマソングに、テレビ朝日での中継が始まったのもこの大会から。今では当たり前に見られる「バーチャル国旗」や「世界記録ライン」なども導入し、水泳ファンのみならず、多くの一般の人たちにも水泳の魅力を届けた。

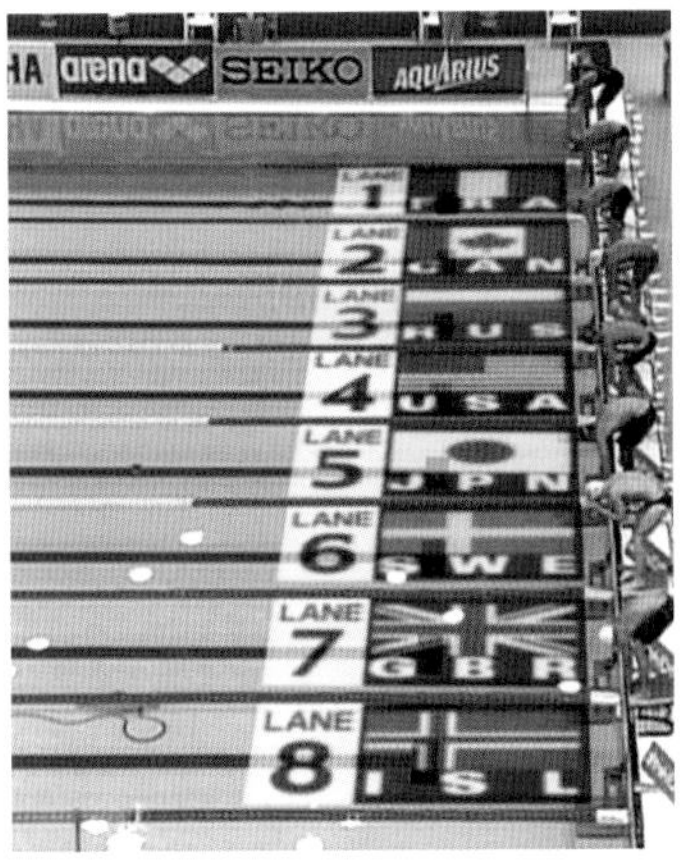

水面に浮かぶ「バーチャル国旗」

プール上を移動する「世界記録ライン」

CHECK!

「世界水泳メインキャスター・松岡修造」が誕生！

この大会からメインキャスターを務め、数々の歴史的瞬間に立ち会ってきた松岡修造さん。今大会も福岡の地で、選手も福岡も日本も世界も、熱く盛り上げる！

2001年の世界水泳の中継は、水泳界にもテレビ界にも新しい風を吹かせました。そこから22年、これまでの経験を"超"えて、選手の力、福岡の力を伝えていきますよ！

MATSUOKA

世界をもてなす福岡の力を発揮

開催地・福岡の挑戦

2001年大会で、日本開催の素晴らしさを世界に伝えた福岡。今大会は新型コロナウイルスの影響で2度の延期を経ての開催となる。その間も選手を招いての情報発信など、市民を巻き込んで盛り上げてきた。今大会でさらに福岡の魅力を国内外に発信していく。

CHECK!

元五輪選手らが『シンフロ』で盛り上げる！

大分県のPR動画として話題になった、温泉でシンクロナイズドスイミングをする『シンフロ』。2017年世界水泳で日本選手を応援する特別編がつくられ、今大会で再始動した。元五輪選手らが福岡の各地で熱気がこもった演技をし、動画で披露する。

いろいろな世代のOB・OGが参加しての挑戦。福岡や選手を応援したいという思いを込めました！

KOTANI

憧れが選手を動かす

未来の選手へつなぐバトン

2001年大会を見て「あの舞台で戦いたい」と選手を志した人、「水泳をやってみたい」と始めた人も多い。国際大会を目の当たりにすることで、選手たちの熱い思いが伝わり、未来を担う選手へのバトンもつながっていく。

YOKOHAMA

PICK UP SWIMMERS 01

池江 璃花子

RIKAKO IKEE

「"RIKAKO"が世界に戻ってきたことを証明したい」

東京五輪以後、日本代表から遠ざかっていた池江璃花子が、精神的にも肉体的にもレベルアップして代表に返り咲いた。6年ぶりの世界水泳でその強さを見せつけられるか。

文・田坂友暁　写真・高須力、小川和行

日本選手権で4冠 〝個人種目〟で代表入りを果たす

今年4月の日本選手権で50m、100mの自由形とバタフライの4種目を制し、派遣標準記録を突破して念願の〝個人種目〟での日本代表入りを果たした池江璃花子。その姿は、アスリートとしての強さに満ちあふれていた。

2019年2月、白血病を公表し長期療養に入った池江。同年12月に退院を発表すると、その8カ月後にはレースに復帰を果たした。そこから世界も驚くスピードで回復を見せた池江は、2021年4月に東京五輪リレー代表に選ばれた。夢であった東京五輪に出場できることはうれしかったが、胸の内には『個人種目で代表入りしたい』という思いがあった。

東京五輪翌年、強い思いで国際大会代表選考会に臨んだが、100mの自由形とバタフライの2種目で優勝するも、派遣標準記録を突破できずに2022年世界水泳の切符を逃してしまう。

だからこそ、今年の日本選手権に懸ける思いは誰よりも強かった。『絶対に、個人種目で代表入りをするんだ』と。

その初日の100mバタフライ決勝。落ち着いた泳ぎで前半を4番手で折り返した池江は、後半に持ち前の大きな泳ぎを活かした伸びを見せる。前を行く3人をラスト25mで抜き去り、57秒68で優勝。1位という順位と派遣標準記録を切ったことを確認した池江は、何度も水面をたたきガッツポーズを繰り返した。

「自分は池江璃花子なんだ、誰にも負けるわけがないんだ、という強い気持ちを持って、スタート台の前に立ちました。本当に、とにかく優勝できたことが一番うれしいです」

昨年、代表入りを逃して以来、夏のシーズンも故障したり体調を崩したりと練習を十分にこなせず、レースでも自分の思うような結果を残せないことが続き、最近は弱気な発言が多く見られた。しかし、この派遣標準記録を突破して優勝をもぎとったレースは、池江に強い気持ちが戻ってきていることを予感させた。

PICK UP SWIMMERS 01

「誰にも負けるわけがない」強い気持ちで手にした世界への切符

続く１００ｍ自由形も優勝し、大会5日目に迎えたのは、池江がこの大会で本命としていた50ｍバタフライ。年明けから取り組んだスタートの改善が形となり、周囲の選手から遅れることなく浮き上がると、池江らしい大きく伸びやかな泳ぎでグングン突き進んでフィニッシュ。目標としていた個人種目の派遣標準記録を突破し、笑顔で観客からの歓声に応える池江の姿がそこにあった。

「優勝できてすごくホッとした気持ちです。内容的には80点くらいかな。でも、しっかりと勝ち切って、派遣標準記録を50ｍ種目でも切れたということは、もっと自信を持って、世界と戦う準備をしてもいいんじゃないかな、と思いました」

最終日の50ｍ自由形に登場した池江は、初日とは違いリラックスして自信に満ちあふれた表情をしていた。結果は、復帰後のベストタイムとなる24秒74で快勝。自由形2種目、バタフライ2種目の4冠を達成して日本選手権を締めくくった。

「この試合で大きな一歩を踏み出せたと思います。自分がこの数年、悔しかった思いを国際大会でぶつけていきたい」

思うように記録を伸ばせない 悔しさと向き合った２０２２年

長期療養から実戦に復帰して以来、誰もが驚くスピードで東京五輪という世界の舞台に駆け戻ってきた池江。その勢いのまま、筋力や調子が回復し、記録も取り戻せると信じて疑わなかった。しかし、東京五輪翌年の２０２２年シーズンはいきなり出鼻をくじかれてしまう。3月の国際大会代表選考会で日本代表入りを逃したただけでなく、得意の50ｍバタフライでライバルの相馬あいに１００分の2秒差で敗れてしまった。

「何も成長していないな、って……」

１００ｍ自由形のあとに涙ながらに口にした言葉が、池江の心に影を落とし続けた。

大学4年生に進級して臨んだ最後のインカレ水泳は、結果的には個人種目で2冠という結果を残す。しかし、試合の1カ月前に足を捻挫してしまったとはいえ、２０２１年シーズンと比較して記録はさほど伸びていなかった。続く9月の国体も成年女子１００ｍ自由形に出場したが、記録は54秒76で2位と、やはり自分が思うような記録が出せないレースが続いた。この国体を最後に、池江は２０２２年内の試合には出場せず、トレーニングに集中すると公表した。

この選択が、池江を大きく変えた。年が明けて２０２３年1月のＫＯＳＵＫＥ ＫＩＴＡＪＩＭＡ ＣＵＰでは記録こそ振るわなかったが、それでも「しばらくは結果にこだわらず、また試合が楽しいな、って思えるように（調子を）戻して

悔しい思いを乗り越え
6年ぶりとなる世界水泳の舞台へ

いきたい」と少しずつ前を向けるようになった。その思いがトレーニングの充実につながったのか、2月のコナミオープンでは、さらに自分の思い通りに泳げるようになったという手応えをつかんだ様子だった。

「まだまだ不安になることもあるけど、しっかり練習はできていると思いますし、日本選手権までの2カ月でやることは一つ、集中して練習するだけ。やることをやって、あとは自分の可能性を信じてあげることも必要なんじゃないか、とも思っています」

福岡で「格好いい姿を見せたい」 6年ぶりの世界水泳に臨む

今シーズンの池江で一番大きく変わったのは体だ。復帰後なかなか下半身と背中の筋肉がつかなかったが、日本選手権での彼女は、特に下半身が昨シーズンよりもひと回り大きくなっていた。池江がいかに食事に気を使い、コツコツとトレーニングを積み重ねてきたのがよく分かる体格になっていたのである。

「タイムを見れば、まだまだ世界と戦えるとは言えません。どこまでできるか分かりませんが、世界水泳本番では自分の満足いく結果で泳げるように、またしっかり練習していきたいと思います」

療養から復帰して1年で東京五輪に出場できたことで、自分はもっとできると思っていた。休養するまで記録の伸びが止まったことがなかった池江だが、どれだけ練習してもうまくいかないときがあることを知った。水泳人生の中で、初めて〝停滞〟を経験したのだ。

それを乗り越えたからこそ、また強い池江が帰ってきた。6年ぶりの世界水泳で、池江は日本の水泳ファンの人たちに「格好いい姿を見せたい」と意気込む。

「世界大会は国内大会と違って、追いかける立場なのでより燃えてワクワクします。世界水泳では、体の大きい海外の選手と比べても劣らない大きい泳ぎに注目してほしいです。RIKAKO COME BACK!! 池江璃花子が世界に戻ってきたことを証明できる試合にしたいです」

RIKAKO IKEE

PROFILE

池江璃花子（いけえ・りかこ）

2000年7月4日生まれ、23歳。東京都出身。兄姉の影響で3歳から水泳を始め、小学3年時に初めて全国大会に出場。高校3年時（2018年）にはパンパシ水泳100mバタフライで金メダル、アジア大会で6冠達成。2019年2月に急性白血病であることを公表し療養。2020年8月にレースに復帰し、2021年日本選手権で4種目を制して東京五輪リレー代表入り。今年の日本選手権でも4冠に輝き、個人種目の派遣標準記録を突破。6年ぶりに世界水泳代表入りを果たした。

PICK UP SWIMMERS 02

大橋 悠依

YUI OHASHI

東京五輪2冠から迷いを乗り越え、福岡へ

東京五輪で200m、400m個人メドレー2冠に輝いた大橋悠依。
だが、近年は苦しいシーズンが続く。
強い意志で逆境を乗り越え、新境地を開くことができるか。

文・田坂友暁　写真・高須力

「迷いが拭えなかった」2022年シーズンの後悔

東京五輪が終わってから2年、大橋悠依は苦しいシーズンが続いている。東京五輪で金メダルを獲得したことで、その翌年に開催される世界水泳ブダペストの代表に内定していた大橋だが、２０２２年3月に行われたその代表選考会では、２００ｍ個人メドレーで大本里佳（現在は引退）に敗れて2位。４００ｍでは谷川亜華葉《あげは》（当時高校3年生）と成田実生（当時中学3年生）に敗れて3位となる。

始動が遅れ、この試合までの練習期間は実質2カ月という短期間であったがゆえに、当然の結果とも言える。だが大橋にとって国内での敗北には間違いなく、悔しさで涙をこらえながらのインタビューで「レースに迷いが出てしまった」と話す姿が印象的だった。

東京五輪後にそれまで師事してきた平井伯昌《のりまさ》コーチのもとを離れ、入江陵介を指導する石松正考コーチの門をたたいた。石松コーチは、淡々と冷静に物事を進めていくタイプだ。選考会の結果は、世界水泳を見据えて指導をしていた石松コーチにとっては、通過点として妥当な結果

であったことだろう。

世界水泳ブダペストへ向けてエンジンをかけていきたい大橋は、東京五輪後に半年近く休養していた分を取り戻すかのようにトレーニングに励んだ。しっかり練習を積んできたという自信があったからこそ、大会本番での200m個人メドレー予選後、こうコメントした。

「気持ちに余裕を持って泳げましたし、予定通りのタイムでいけたと思います。準決勝はもう少しタイムを上げないと決勝に進めないので、しっかり準備したいと思います」

だが、結果は予選からタイムを上げられず13位。準決勝での敗退が決まった。このときばかりは大橋も大粒の涙を流した。

最終日の400m個人メドレーでは「キツくても感情を捨てて無心で泳いだ」と予選を6位で突破。決勝も4分37秒99と、本来の大橋の泳ぎからはほど遠いものではあったが、できるすべてを出し切ったレースであった。

「自分としてはやりきれたレースだったと思います。東京五輪後に現役続行を決めましたが、覚悟が足りなかったと実感しています」

何のために泳ぐのか――五輪金メダリストが抱えた迷い

「もっと泳ぎを良くしたい」純粋な気持ちにたどり着く

　大橋は、昨シーズンのことをこう振り返る。

「休めばよかったな、と。結構しんどかったです。ずっと気持ちは沈んだままでしたね。でも、泳ぐのは楽しいんです。みんなで遠征に行くとか合宿するとか。若い選手たちがたくさんいて、そういう選手たちの頑張りを見ていると楽しいなって。でも、その頑張りについていけないな、と感じている自分がいたのも事実です」

　五輪で2つの金メダルを獲得したことで、世間から見られる評価が大きく変わった。勝って当たり前、メダルにチャレンジして当たり前。五輪の金メダルは、大橋に重くプレッシャーとしてのしかかった。

YUI OHASHI

　プレッシャーは、自分が気づけるプレッシャーであればコントロールできる。だが、自分が気づかないうちに受けているプレッシャーは知らず知らずのうちに心をむしばみ、自信を持つための最後のカギとなる、言葉通りの「自分を信じる」ことを拒む。『これで大丈夫かな？』という不安の芽を発芽させるのだ。

　昨シーズンの大橋は、まさにそのような状況であった。新しい環境でトレーニングを再開し、心機一転〝新しい自分〟へのステップを踏み出したと自分では思っていても、周囲からは〝五輪金メダリスト〟としての結果を期待される。

　だからこそ、2022年3月の代表選考会で大本に負けたことが深く大橋の心に突き刺さった。『今のままで大丈夫なのか？』『世界でも戦えないんじゃないか？』という不安が、大橋が持っていた自信を覆い尽くしてしまった。

　結果的に2022年の世界水泳ブダペストで戦えなかったことで、自分としっかりと向き合う時間を持つことができた。『なぜ水泳を続けているのか』『自分は本当にパリ五輪を目指したいのか』。悩み抜いた大橋が出した答えは『自分の記録を超えたい』だった。

「純粋に自分の泳ぎをもっと良くしたい、という気持ちが強くなりました。自分の記録や感覚をもう一度超えたい。自分のために、泳ぐ。今はそう思えています」

200mに集中し世界への返り咲きを狙う

　今大会の代表選考会となる今年4月の日本選手権では、かねてから話していた通り、400m個人メドレーを欠場。200m個人メドレーに注力した。結果としては若手の成田に敗れ、2分11秒00の2位。それでも世界水泳福岡の代表権を獲得。もう一度、世界の舞台での戦いに帰ってきた。

「結構自信があったので悔しいです。こんなタイムで代表入りしてしまって情けないという気持ちがあります。圧倒的に練習が足りていないと思うので、気持ちを切り替えて夏の世界水泳に臨みたい」

　反省の弁を述べると同時に、大橋には世界水泳に向けてやるべきことが見えていた。200m個人メドレーに絞ったからといって、200m向きの練習をするのではなく、今まで通り400m個人メドレーが泳げるだけの練習を積むことだ。

　大橋の泳ぎは、決してパワーでスピードを出す泳ぎではない。軽く、水面を飛び跳ねるようにして抵抗なく進んで行くから、エネルギーを消耗せずに高いスピードを出すことができる。そのためには、スプリント能力を高めるトレーニングよりも、後半までしっかり泳ぎ切れるという自信をつける意味でも、400mを泳げるだけの持久力を養うことが必要不可欠なのだ。

石松コーチはそれをすでに見抜いており、大橋を指導することになったときから「400mはいつでも泳げる練習をしていくつもり」だと話をしていた。ただ、どうしても昨シーズンは気持ちの面で追いつかず、額面通りの練習はしていても、それが本当に大橋の身になっていたかというとそうではなかっただろう。

だが、今年の大橋は違う。自分に足りない部分を明確にして、そこをどうすれば補えるのかも自分で理解している。あとは、ただがむしゃらに頑張るだけ。

大橋はいつもひたむきに頑張ってきた。ライバルに先を越されても、時にくじけながらも、自分がやるべきことに集中し、忍耐強く耐え抜き、頑張り抜いてきた。

今の大橋には、新たな目標がある。

「自分の良いときの泳ぎが一番好きなんです。だから、その姿を観客の皆さんに見てもらえるように頑張りたい」

もう一度世界で輝くために、笑顔でレースを終えられるために、福岡の地で決戦に挑む。

PROFILE

大橋悠依（おおはし・ゆい）

1995年10月18日生まれ、27歳。滋賀県出身。幼稚園から水泳を始め、小学３年生で初めて全国大会に出場。個人メドレーと背泳ぎの選手として活躍を続け、2017年に初めて代表入りを果たした世界水泳では200m個人メドレーでいきなり銀メダルを獲得。2019年の世界水泳では400m個人メドレーで銅メダルを獲得し、2年後の東京五輪200m、400m個人メドレー2冠を達成。個人メドレー2種目の日本記録保持者。好きなアーティストは、嵐とSnow Man。

自分の記録を超えるために
もう一度世界で輝くために

02

PICK UP SWIMMERS

03

PICK UP
SWIMMERS

本多灯

TOMORU HONDA

東京五輪銀メダリスト 日本のエースが福岡を盛り上げる

東京五輪で銀メダル、昨年の世界水泳ブダペストで銅メダルを獲得し、
日本のエースと呼ばれるまでになった本多灯。
福岡の地で目指すのは、エースの名に恥じぬ色のメダルだ。

文・田坂友暁　写真・高須力、小川和行

世界で常にメダルを争える エースへと成長を遂げる

　常に明るく、笑顔が絶えない。いろんな選手と分け隔てなく話し、その言葉からはネガティブな要素は見当たらない。本当に「元気」という言葉がピッタリな男こそ本多灯である。

　2018年、高校2年生で初めてジュニアの海外遠征に選ばれると、翌年の世界ジュニア選手権の200mバタフライで銀メダルを獲得。日本大学に進学した2020年10月、インカレ水泳の200mバタフライと400m個人メドレーで2冠。その2カ月後の日本選手権では、200mバタフライで初優勝を果たす。

　ジュニアの日本代表をステップに、たった2年でバタフライの日本のトップに駆け上がった本多。その勢いをさらに加速させ、2021年4月の日本選手権で当時の自己ベストを出して2連覇を果たし、東京五輪への切符を手にした。

　初めてのシニア代表にもかかわらず、物おじすることなく臨んだ五輪本番。本多は、200mバタフライ決勝で8レーンから大逆転劇を見せて銀メダルを奪取。その翌年の2022年世界水泳ブダペストでも落ち着いた泳ぎを見せ、同種目で銅メダルを獲得した。

「メダルを目標にしていたので、すごくうれしいです」とうれしさを前面に出すも、このレースで敗れたクリストフ・ミラーク（ハンガリー）、レオン・マルシャン（フランス）に対しては「2歩くらい後ろを走っている感じ」と遅れを自認。「ラスト50mでバテてしまった。体力はまだまだですし、タイムもベストじゃない。しっかり一からトレーニングし直します」と気を引き締めた。

　2年連続で世界大会のメダルを手にした本多。だが、現状に満足することなく新たに明確な目標を立て、そこに至る道とたどり着いた自分をイメージし、何をすればよいかを考え、実行する。世界で常にメダル争いをし、一歩でも高いところへと歩みを進める彼の姿は、まさに日本のエースにふさわしいと言えよう。

日本選手権の反省を生かし 目標への足がかりをつかむ

　昨年の世界水泳が終わった後、本多は「パリ五輪で金メダル獲得」を目標に掲げた。そのために必要なタイムは、ミラークが持つ世界記録、1分50秒34を超えるタイムだ。

　そこで本多が立てたロードプランは、まず2023年4月の日本選手権で自己ベスト（1分52秒70）を更新して日本記録を樹立すること。これをステップに、その3カ月後の世界水泳福岡ではメダル

獲得ラインでもある1分51秒台、２０２４年のパリ五輪選考会で1分51秒台前半から1分50秒台をマークしておく、というところまでを描いていた。

だが、日本選手権の結果は1分53秒34。優勝はしたものの納得できる記録ではなかったことに「率直に悔しいです。52秒台は出せるかな、と思っていたんですが、そう簡単ではなかったですね」と反省しきり。

「前半１００ｍは53秒台で折り返すことができているのは良いんですけど、逆にその分後半がまだちょっと甘いかな、とも思います。僕は『後半が得意』とずっと言ってきましたが、ここ最近ちょっと弱くなってしまっているところが悔しい。ちゃんと自分が強いと思っている後半を伸ばして、全体的なレベルアップを目指していきたいです」

もともと、50ｍ～１００ｍ、１００ｍ～１５０ｍという、レース中盤に当たる50ｍ×２回を28秒台で揃えたい、というのが、本多が昨年の世界水泳以来、課題として持ち続けているものだった。

スタートしてから最初の50ｍは軽くリズムで泳ぐことで楽に速く泳ぐことができる。ラスト50ｍは、最後まで勝つんだ、という気持ちを切らさずに気力も体力も使い切って、とにかく頑張り抜くだけ。スタート直後の50ｍの勢いを切らさず、それでいてラスト50ｍで追い上げられるだけの体力を残す。それができるかどうかのすべてが、この中盤の１００ｍに詰まっているからだ。

今回は、１００ｍ～１５０ｍで焦る気持ちから力んでしまい、29秒42かかった。そのことで体力を消耗し、最後の50ｍで得意なラストスパートをうまく出せなかったのだ。ここを28秒台で揃えることさえできれば、予定通り日本記録の樹立、そして1分51秒台が見えてくる。

「焦って力むとストローク数が多くなって、体力を消耗するばかりの進まない泳ぎになってしまいます。今回はそれを引きずったままラスト50ｍを迎えてしまったので、それが最後の失速につながったのだと思います。今回、前半の１００ｍはもう１００点をつけてもいいくらいの良いできだったので、後半に、大きな泳ぎで落ち着いて泳げるようなスタミナと気力を、世界水泳福岡までに練習してつけていきたいです」

TOMORU HONDA

PICK UP SWIMMERS 03

前回大会では世界との差を実感 常に挑戦者として挑戦し続けたい

自分が良い波を持ってきて日本を大いに沸かせたい

日本選手権での４連覇ついてどう思う

1分51秒台で日本記録を更新する「五輪で金」への第一歩を福岡で

か聞かれたとき、本多はこう答えた。

「僕はずっとチャレンジャーであると思っていて。日本選手権で1位を獲り続けてきていることは良いことですけど、まだ日本記録も出せていないし、世界に比べたらまだまだちっぽけです。だから僕はこれからもずっと、いろんなものに挑戦し続けていきたいと思っています」

本多はまだ、パリ五輪での金メダル獲得を目指す道程にいる。次の目標は世界水泳福岡で1分51秒台を出して日本記録を更新することだ。「それができれば、前回大会よりも良い結果を出せると思いますし、金メダルの可能性も出てきます。さらにその先のパリ五輪での1分50秒台と金メダルも見えてくる」と意気込む。

また、今大会には２００ｍバタフライだけではなく、４００ｍ個人メドレーにも出場する。「4分9秒台を狙いたい」と、こちらは自己ベスト更新を目標に据える。この種目には２００ｍバタフライでライバルであるマルシャンも出場。彼の記録まではまだ遠いが、4分10秒を切ればメダルの可能性も出てくる。

４００ｍ個人メドレーは、世界水泳福岡の初日に行われる。ここで思い通りの泳ぎで狙った記録を出せば日本チームに勢いをもたらし、さらに3日目に待ち受ける本命の２００ｍバタフライを良い流れで迎えることができる。

「今大会は良い記録と良い結果を出して、チームに良い波を持ってこられるような泳ぎを見せたい」

底抜けの明るさと、選手としての強さを持ち合わせたエースが、きっと日本を盛り上げてくれることだろう。

PROFILE

本多灯（ほんだ・ともる）

2001年12月31日生まれ、21歳。神奈川県出身。兄が習っていたことをきっかけに自身も水泳を始め、大学1年時の日本選手権200mバタフライで初優勝を果たす。2021年東京五輪は200mバタフライで8レーンから大逆転で銀メダルを、2022年の世界水泳でも同種目で銅メダルを獲得。バタフライだけではなく400m個人メドレーでも日本代表入りし、今や日本のエースとして活躍を続ける。好きなアニメは、『ジョジョの奇妙な冒険』。

PICK UP SWIMMERS 04

瀬戸大也

DAIYA SETO

「過去最高の自分」を超えて 狙うは世界の頂点

近いようで遠い「五輪での金」。
東京五輪で悔しさを残した瀬戸大也は、名コーチ・加藤健志のもと厳しい練習を重ね、福岡の地で世界一奪還のための大きな一歩を踏み出す。

文・田坂友暁　写真・高須力

東京五輪の悔しさを胸に 世界水泳で目指す自分超え

「まずは代表権は勝ち取れたので、本当にホッとしています。ここから夏に向けて、今回見えた課題を潰していきながらコツコツとしっかりやるべきことをやって、強化に取り組みたい」

今年4月の日本選手権の初日、４００m個人メドレーをこの時点で世界ランキング1位となる4分7秒92で優勝。さらに２００m個人メドレーも1分56秒62で制して2冠を達成。そのどちらも派遣標準記録を突破して、世界水泳福岡の代表入りを果たしたあとに、そう話した瀬戸大也の表情からは、過去の自分を超えたいという強い意志が感じられた。

「世界水泳で自己ベストを更新することが一番の目標です。自分の過去最高を超えたいんです」

これほどまでに自分超えという強い思いを持つその裏には、苦い結果に終わった東京五輪の悔しさがある。

今から4年前、２０１９年に行われた韓国・光州で行われた世界水泳で、２００mと４００m個人メドレー2種目の世界チャンピオンとなった瀬戸は、東京五輪でも金メダルが獲れると信じて疑わなかった。しかし状況は一変。東京五輪の1年延期に加え、自身も活動を一時停止しなければならない事態を招く。

何かを変えようと、幼少期から師事していた梅原孝之コーチのもとを離れ、新しい環境で練習を再開。何とか気持ちも体も立て直して迎えた２０２１年の東京五輪本番だったが、大勢の前で口にしていた自信とは裏腹に、大本命の４００m個人メドレーで予選敗退。２００mバタフライでも決勝進出ならず。２００m個人メドレーでは決勝に進めたが、4位とメダルを逃す結果となった。

東京五輪での金メダル獲得は、瀬戸の水泳人生のすべてを懸けた目標であり、夢であった。自分の中ではしっかりと五輪に向けて準備をしてきたはずだったのだが、結果は惨敗。その理由は明白だった。練習不足である。

気がつくと開いていた世界一との距離 圧倒的な練習量でその差を取り戻す

強い自分を取り戻すべく加藤コーチに弟子入り

もともと、誰よりも練習で自分を追い込むことができるのが瀬戸という選手の特徴だった。人一倍こなす練習量に裏付けられた体力があったからこそ、前半から攻めるレースをしても後半でバテない自信があったし、その自信が瀬戸を世界チャンピオンたらしめた理由である。だが、東京五輪前は、この土台をすっかり失っていた。

東京五輪の結果を冷静に振り返ってこのことに気づいた瀬戸は、ひとつの大きな決断を下す。東海大学で指導する加藤健志《つよし》コーチのもとに弟子入りを志願したのだ。加藤コーチは多くの代表選手を輩出し、リオデジャネイロ五輪の女子200m平泳ぎで金メダルを獲得した金藤理絵さんを育てた名コーチだ。その加藤コーチの指導の特徴は「練習量」。1回の練習で1万mを泳ぐことなどざらにあるほど、どのチームよりもたくさん練習量をこなす。それだけではなく質も高く、とにかく厳しいことで知られている。

そんな加藤コーチのもとでなら『世界チャンピオンとなった2019年の自分を超えることができるんじゃないか』。そう考えた瀬戸は、東京五輪後に加藤コーチのもとを訪れ、指導を依頼。そのとき、加藤コーチは瀬戸にこう告げたという。

DAIYA SETO

「五輪の金メダルを獲るために、こっちは金メダルの練習を作る。だからお前も金メダルの練習で応えてみせろ」

この言葉で瀬戸の闘争心が燃え上がった。それから約1年。「信じられないくらいしんどいです」と、とにかく桁外れの泳ぎ込みの毎日は続き、瀬戸は加藤コーチの期待に応えるようにハードなトレーニングにも弱音を吐かずについていく。

かつての自分の強さを取り戻すには、絶対的な練習量が必要だと分かっている。だから、どれだけ苦しい練習だって耐えることができるし、全力で取り組める。

そうしてこの1年間でじっくりと土台を作り直すことに成功した瀬戸は、今年4月の日本選手権でタイムという一つの成果を手にした。自分が取り組んできたことや強化の方向性が間違いではない、と確信と自信を持てたことで、瀬戸は次のステージへとステップを踏み出す。

この次のステージ、というのが、「過去最高の自分超え」だ。

「ジュニアスイマーたちが憧れる泳ぎを見せたい」

瀬戸が持つ200mと400m個人メドレーの自己ベストは、ともに2020年に出したもの。それから3年、足踏みが続いている。その間に世界は一気に歩

僕は金メダルを目指します！見ててください！

福岡では絶対に銀メダル以上！ここからが本当の勝負！
（加藤健志コーチ）

生まれ変わった瀬戸大也が魅せる世界一への戦い

みを進め、21歳のレオン・マルシャン（フランス）が昨年の世界水泳400m個人メドレーで、4分4秒28という世界歴代2位のタイムをたたき出した。〝水の怪物〟と呼ばれたマイケル・フェルプス（アメリカ）が、高速水着時代の2008年北京五輪で樹立した4分3秒84に迫る驚異的な記録だ。彼に追いつき追い越さなければ、世界一など到底見えてこない。

にもかかわらず、瀬戸の自己ベストは4分6秒09で止まったまま。この時点で2秒近くのビハインドがあるのに、瀬戸はまだこのタイムすら超えることができていない。だからこそ、「過去最高の自分超え」が目下の課題なのだ。

「そのために、ひとつ大きく変えているのはバタフライのキックです」

バタフライでは手が入水したときと、フィニッシュ（呼吸のタイミング）で2回キックを打つ。瀬戸は呼吸するところのキックを強く打つように意識していたが、それを変えて入水と同時にしっかりキックを打つようにした。そうすることで、前に体重が乗りやすくなり、1ストロークで進む距離を伸ばすことができる。

「まだそれがなかなかハマっていないのでスピードが出せないんですけど、焦らずしっかり良い泳ぎを作っていきたい」

世界水泳福岡での一番の目標は自分超えだが、もう一つ大きな願いがある。

「見に来てくれた人たちに、目指してもらえるような泳ぎをしたい」

瀬戸は幼少期、横浜で行われたパンパシ水泳を観戦しに行き、世界の舞台で活躍する選手たちの格好よさを見て、自分もあんな風になりたい、という憧れを持った。これは、瀬戸の原点でもある。

今大会は、福岡の地で、有観客で行われる。多くの水泳ファンの人たち、ジュニアスイマーたちに自分の泳ぎを見てもらうことができるのだ。そして世界で活躍する自分を見たジュニアスイマーたちが「自分もあんなふうになりたい！」と、今後の励みになるような泳ぎをしたいと強く願う。その願いが、瀬戸自身の励みにもなっていることは間違いない。

「世界水泳福岡では、絶対に自己ベストを出すという目標を達成できるよう頑張ります」

PROFILE

瀬戸大也（せと・だいや）

1994年5月24日生まれ、29歳。埼玉県出身。5歳のときから水泳を始める。インターハイでは400m個人メドレーで3連覇を果たし、大学進学後は国際大会を舞台に大活躍。400m個人メドレーではリオデジャネイロ五輪で銅メダルを獲得。さらに世界水泳連覇、世界短水路では6連覇の偉業を成し遂げる。東京五輪後から加藤健志コーチに師事し、2022年世界水泳ブダペストでは200m個人メドレーで銅メダルを獲得した。

PICK UP SWIMMERS 04

入江 陵介

RYOSUKE IRIE

「水泳が日本を盛り上げる!」キャプテンが目指す世界水泳

世界水泳福岡の競泳日本代表チームのキャプテンを任された入江陵介。
2006年以来17年もの間、日本代表として活躍してきたベテランが目指す領域とは。

文・田坂友暁　写真・高須力

PICK UP SWIMMERS 05

国内10連覇も通過点 世界の表彰台にもう一度

今年４月に開催された日本選手権で、入江陵介は男子１００ｍ背泳ぎで10連覇を達成。２００ｍ背泳ぎでも２００７年から２０１６年まで10連覇を果たしている（２０１１年は日本選手権が中止となり代わりに行われた国際大会代表選考会を含む）。２種目で日本選手権10連覇というだけではなく、さらに優勝回数も１００ｍで12回、２００ｍで14回を数えるのは、入江ただ一人の偉業である。長くトップで居続けられる理由を聞かれると、入江はこう答えた。

「自分の中で満足することが常にないというか。五輪で金メダルを獲ったことがない、世界一の景色を見たことがないんです。自分よりもすごい選手が世界に常にいる、ということもあって、満足ができないからこそ長く頑張れるのかな、と思います」

日本選手権で10連覇を決めたレースにも、入江は全く満足していなかった。むしろ「自分にガッカリした」と言うほどだ。

「（決勝の53秒46というタイムは）今シーズンの中でもかなり遅いタイムなので、正直自分にガッカリしちゃっている部分はあります。体調が万全ではなかったとはいえ52秒台は狙っていましたし、それくらいは出るとも思っていましたが、後半詰まって失速してしまったので、また練習し直さないといけないな、というのを感じています」

ただ、あくまでここは通過点。目指すべきところは夏の世界水泳本番だ。１００ｍ背泳ぎは、昨年世界記録が更新されるなど高いレベルでのトップ争いが予想されるが「自国開催の世界水泳で、もう一度表彰台に上がりたいですね。53秒台じゃ全然世界と戦えないので、しっかりベースからもう一度体を作り上げて、自分の持ち味である後半の強さを出せるようなトレーニングをしていきたいと思っています」と意欲を燃やしている。

心と身体と向き合い、鍛錬を重ね「世界一美しい泳ぎ」で世界と戦い続ける

PICK UP SWIMMERS 05

栄光と挫折を味わったからこそ手に入れた心の強さ

今年、33歳になった入江。初めて日本代表に入ったのが、2006年。当時高校2年生だった。そこから17年間、日本代表入りを逃したことはない。代表入りをした当初は右も左も分からない若手だった入江が、2008年北京五輪の200m背泳ぎで5位入賞を果たすと、翌年には世界水泳ローマの200m背泳ぎで1分52秒51の日本新記録で銀メダルを獲得し、その名を世界に轟かせた。その1カ月後のインカレ水泳では、100m背泳ぎ（メドレーリレー第1泳者）でも52秒24の日本記録を樹立し、日本のエースたる地位を確固たるものに。2012年ロンドン五輪では100m背泳ぎで銅メダル、200m背泳ぎで銀メダル、そしてメドレーリレーでも銀メダルを獲得する。

ここから世界の頂点へと一気に駆け上がりたかったところだが、ロンドン五輪後から周囲のプレッシャーに心と体のバランスを崩してしまう。2013年の世界水泳バルセロナでは100m、200mともに4位でメダルに手が届かず、2016年のリオデジャネイロ五輪でもメダルなしという結果に。引退も考えたが「もう一度、あの表彰台からの景色が見たい」と現役続行を決意。このあたりからどこか吹っ切れた様子を見せ、世界との距離や代表チームでの自分の立ち位置などを冷静に判断し、客観的な目線で自分を評価するようになる。そして「まだまだ自分にはやるべきことがある」と、向上心を忘れず日々の鍛錬を積み重ねた。

迷い、苦しみ抜いた時間があったからこそ、手に入れた心の強さ。それが、33歳のベテランとなった入江が、今でも「世界一美しいフォーム」と言われた泳ぎを維持し、記録も落とすことなく世界と戦い続けられている大きな理由なのである。

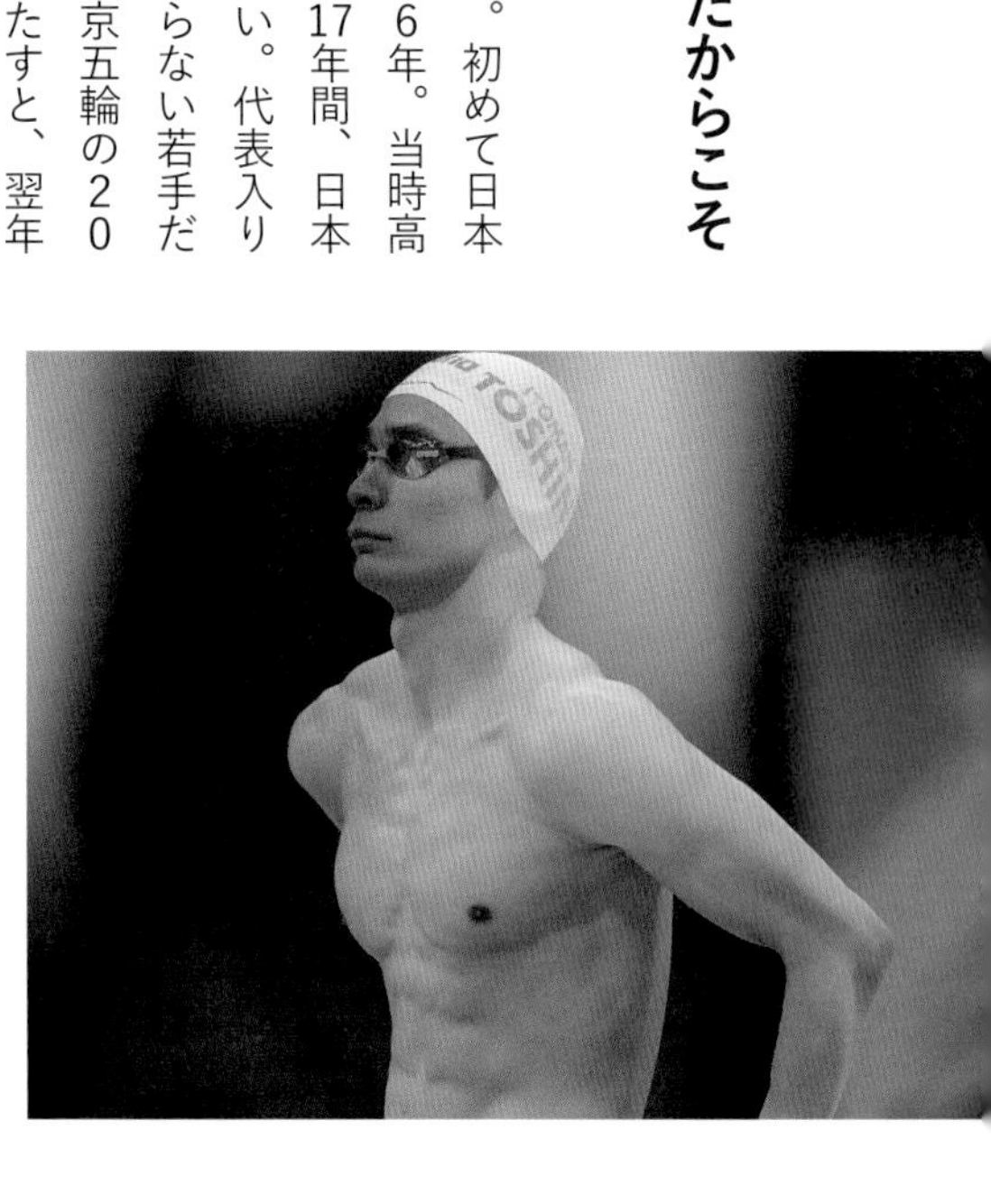

会場に来た観客の皆さんに楽しんでもらえるレースを

東京五輪でキャプテンを務め、今大会でもチームを率いる立場となった入江だ

からこそ、日本競泳界全体の未来、そして若手の成長への思いも強い。

その入江が、多くの観客に囲まれて戦うことの楽しさと素晴らしさを感じた出来事があった。今年3月、日本を大いに盛り上げたWBCである。

「僕も実際に球場で観戦しましたが、現場だけではなく日本中がすごく盛り上がりましたよね。それだけではなく、観客が入るようになってスポーツ自体が盛り上がっていると感じています。水泳も福岡という日本で開催される世界大会をきっかけに、日本の水泳を盛り上げられるようにしたいなっていう思いがあります」

入江は先輩たちと共に戦ってきた世界水泳や五輪を通して、水泳が日本を盛り上げるさまを肌で感じてきた。今大会で水泳が再び日本を盛り上げるには、世界と戦える強い日本である、ということを証明しなくてはならない。その可能性を秘めているのが、自身も出場する男子メドレーリレーだと入江は言う。

入江が4月の日本選手権で200mの出場をやめて100mに注力することを決めたのも、200mを泳ぐことの肉体的負担、精神的負担のことを考えた結果でもあるが、日本代表チームで戦うリレーのことも頭にあった。

「昨年の世界水泳では予選落ちという本当に悔しい結果で終わってしまいました。でも今大会こそチャンスがあると信じています。ほかのメンバーも強いですし、僕が第1泳者としてタイムを上げられれば、十分に世界と戦えると思います」

心から信頼しあう日本チームの仲間たちと一緒に戦い、時には個人種目以上の力を発揮し、日本を盛り上げてきたリレー種目。その面白さ、楽しさを知っている入江だからこそ、近年メダルから遠ざかってしまっている現状が悔しく、寂しくも感じている。

「メドレーリレーは歴代の先輩方がつないでくれた大切な種目でもありますし、男子の800mフリーリレーもリオデジャネイロ五輪ではメダルを獲っています。でも、もうファンの皆さんも、若手の選手もそれを忘れてしまっている部分があると思うんです。だからこそ、日本チームが世界大会でメダルを獲れるだけの強さを持っているんだ、ということを世界にも日本の皆さんにも伝えたいですね」

そのためにも、まずは個人の100mで結果を残したい。ひいては、それがチームとして戦うリレーにもつながるからだ。

「有観客で、しかも日本での世界大会ということで、非常に僕たちもワクワクしています。ファンの方々も、きっとワクワクした気持ちで会場に来てくださると思うんです。皆さんの声援を受けてチーム一丸となって世界水泳に臨みたいと思います」

RYOSUKE IRIE

強い競泳ニッポンを見せつけて福岡から日本を盛り上げる

PROFILE

入江陵介（いりえ・りょうすけ）

1990年1月24日生まれ、33歳。大阪府出身。世界一美しい泳ぎを武器に高校2年生で初めて日本代表入りを果たす。初の五輪となった北京五輪では200m背泳ぎで5位入賞。2012年のロンドン五輪では100m背泳ぎで銅、200m背泳ぎで銀メダルを獲得。今年4月の日本選手権で100m背泳ぎ10連覇を達成し、8大会連続となる世界水泳出場を決めた。競泳日本代表チームの最年長でキャプテン。

松元克央

KATSUHIRO MATSUMOTO

2019年世界水泳の200m自由形で銀メダルを獲得した松元克央。期待された東京五輪で喫した予選敗退の悔しさから見事に復活し、日本選手権3冠の自信を手に福岡での戦いに臨む。

文・田坂友暁　写真・高須力

PICK UP SWIMMERS 06

PROFILE

松元克央(まつもと・かつひろ)

1997年2月28日生まれ、26歳。福島県出身。高校3年時のインターハイで100m、200m自由形2冠。ソウル五輪金メダリスト鈴木大地さんを育てた鈴木陽二コーチの指導を受け頭角を現し、2017年の世界水泳で初の代表入り。2018年アジア大会の200m自由形で銀メダルを獲得すると、翌年の世界水泳200m自由形で、世界大会のこの種目で日本人初となる銀メダルを獲得。今大会は、自由形とバタフライに出場する。

泳ぎも心も進化した〝カツオ〟
もう一度世界水泳の表彰台へ

圧巻の日本選手権3冠
強い〝カツオ〟が戻ってきた

「100m自由形とバタフライの2種目で自己ベストを出して、本命の200m自由形でも自己ベストではなかったですけど、狙っていたタイムを出すことができました」

〝カツオ〟の愛称で親しまれる松元克央は、100m自由形で日本記録を更新し、3冠を達成した今年4月の日本選手権を振り返り、「やってきたことは間違っていなかった」と手応えを感じていた。

2017年に初めて世界水泳の代表に選出された松元は、2018年のアジア大会200m自由形で銀メダルを獲得。そして迎えた2019年世界水泳の200m自由形決勝。ラスト50mで一気に追い上げ、銀メダルに輝いた。これまで五輪、世界水泳を通して海外勢がメダルを独占していたこの種目で、日本人初となる快挙を成し遂げた。

2021年、松元はメダルの期待を背負って東京五輪へと臨む。ところが結果はまさかの予選17位。茫然自失とした表情で「今は何も考えられません」と小さく口にし、プールを後にした。

「東京五輪が終わってから、自分に自信が持てない期間がずっと続いていました。そんななかでも間違いなく良い練習は積めていたのですが、レース前になるといつもどこか心の中に『大丈夫かな?』と不安を持つ自分がいました」

そこから試行錯誤を繰り返し、見事に今年の日本選手権で復活を遂げた〝復カツオ〟。その転換点はイギリスにあった。

KATSUHIRO MATSUMOTO

「もっと水泳を楽しんでいい」
失意を乗り越え、日本新

東京五輪後の不安を抱えたまま出場した2022年の世界水泳で、松元は世界との差を突きつけられた。

そこでイギリスでの武者修行を決意。東京五輪200m自由形金メダリストのトム・ディーン（イギリス）が所属するチームの門戸をたたいた。そこにいたのは、苦しい練習も全力で楽しんでいるライバルたち。その姿を見て、松元は「ああ、水泳って楽しまないとダメなんだ」と、自分を追い込みすぎていた重石を下ろすことができた。それだけではなく「やっぱり、全然パワーが違いました」と、陸上で行うウエイトトレーニングの負荷の高さにも驚かされた。

帰国後、まずはウエイトトレーニングの重量を増やしてパワーアップに着手。持ち味だったラスト50mの強さを取り戻すとともに、前半のスピードや技術の強化にも取り組んだ。

そして今年の日本選手権。広背筋周りの筋肉があきらかにひと回り大きくなった松元の姿があった。泳ぎもパワフルになり、200m自由形では昨年の世界水泳銅メダル相当の1分44秒98をマーク。100m自由形は日本新記録という、目に見えて分かる成果をたたき出した。

もう、レースの度に不安が顔をのぞかせていた松元はそこにいない。水泳を楽しむ心と強い肉体を手に入れた〝新カツオ〟へと進化を遂げていた。

「世界水泳福岡では、まず自分のパフォーマンスをしっかり出し切ること。たくさんの人たちの協力があって僕はここまでくることができたので、メダルを持ち帰って、お世話になった人たちにかけてあげたいと思っています。あとは、水泳を楽しむ、っていうことは忘れずにやりたいですね」

高校2年生、16歳が挑む初の大舞台 武器は素直な強い心

五輪選手2人を破り 個人メドレー2種目を初制覇

今年の日本選手権で、200m個人メドレーでは東京五輪金メダリストの大橋悠依を、400m個人メドレーでは東京五輪代表の谷川亜華葉を破り、世界水泳福岡の切符を手にしたのが、成田実生だ。

バタフライ、背泳ぎ、平泳ぎ、自由形と4種目とも穴がなく、まさにオールラウンダーという言葉が当てはまる成田。得意なレース展開は、4種目の中で自分が最も得意と自負する背泳ぎ以降、後半から徐々に追い上げていき、最後の自由形で逆転するパターンだ。日本選手権でも、この得意な後半から追い上げるレースで逆転し、2冠を果たした。

「日本選手権、という大舞台で優勝できたことはすごくうれしいです。タイムが目標に届かなかったのは悔しいですが、ずっと目標だった世界水泳の代表に入ることができたので、感謝の気持ちを持って、自信にみなぎった泳ぎができるように頑張りたいと思います」

自身初のシニアの世界大会となるが、「憧れ、というよりは、目標という感じなので、しっかり結果も残したいと思います」。その言葉からは、世界水泳で自分がどういう結果を出したいのかの答えを明確に持ち、その先へと進む準備がすでにできあがっている成田の心の強さが感じられた。

MIO NARITA

プレッシャーもなんのその 自分を貫き目指すは自己ベスト

2022年3月、中学3年生で迎えた国際大会代表選考会で、200m個人メドレーは3位、400m個人メドレーでは2位に。高校1年生になったばかりの同年4月には、日本選手権の200mで2位、400mは3位に入り、200m背泳ぎでは優勝を飾った成田は、ジュニアの国際大会に日本代表として出場する。成田にとって初の国際大会だったが、どんな大舞台でも全く物おじせず、マイペースを貫く強さは健在だった。

「緊張はしましたが、ピリッとした独特の雰囲気は楽しめました」と、8月に行われたジュニアパンパシ水泳で個人メドレー2冠を果たすと、1週間も空けずに行われた世界ジュニア選手権でも、移動疲れがあったにもかかわらず、見事に個人メドレー2冠を達成した。

帰国後もその勢いは止まらなかった。9月の栃木国体の200m個人メドレーは自己ベストを更新して優勝。12月のジャパンオープンでは大学生選手らを抑えて200m、400m個人メドレー2種目を制覇。高校1年生ながら、すでに日本では女王の風格すら感じさせるほどの泳ぎを見せていた。

今大会、世界もジュニアの国際大会で活躍した成田に注目する。だが、成田本人はそんなプレッシャーなど全く意に介する様子は見受けられない。むしろ、遠足に行く前の小学生のようなワクワク、ドキドキした表情を見せる。世界水泳福岡でクリアしたい課題は、すでに分析済みだ。

「もっと前半を今よりも楽に速く泳げるように、バタフライを強化していきます。しっかりとベストタイムを目指して、観客の皆さんの前で、格好いい姿で泳げたらな、と思います」

パリ五輪、そしてロサンゼルス五輪に向けた成田の快進撃は、福岡から始まる。その物語の序章を見逃す手はない。

成田実生

MIO NARITA

昨年の世界ジュニア選手権で
個人メドレー2冠を果たした成田実生。
高校2年生、16歳で初めて挑む世界水泳で、
どんな泳ぎを見せてくれるのだろうか。

文・田坂友暁　写真・高須力

PICK UP SWIMMERS 07

PROFILE

成田実生（なりた・みお）

2006年12月18日生まれ、16歳。東京都出身。0歳で水泳を始め、中学3年生時には長水路、短水路で中学記録を連発。高校生となった昨年の日本選手権では200m背泳ぎで初優勝。200m個人メドレーは2位、400mは3位となり、世界ジュニア選手権、ジュニアパンパシ水泳の代表権を獲得。そのどちらの大会でも個人メドレー2種目を制覇した。今年の日本選手権で個人メドレー2冠。好きな食べ物は、メロンパン。

PICK UP SWIMMERS 08

RUNA IMAI

今井 月

RUNA IMAI

月より輝く新しい自分を福岡で見てもらいたい

個人メドレーで世界大会に出場した過去を振り切り、「自分の種目」という平泳ぎで強さを取り戻した今井月。6年ぶりとなる世界水泳の舞台でさらなる高みを目指す。

止まっていた時計を進め手に入れた世界水泳の切符

「今回の世界水泳福岡の代表権は本当に自分の実力で獲れたと思うので、自信を持って世界水泳に臨めると思います」

中学1年生で初めて出場した日本選手権の200m平泳ぎで3位に入った今井月は、このときから大好きだった平泳ぎで、日本を引っ張っていくような存在になりたいと思っていた。だが、平泳ぎの記録が思うように伸びてこない。そこで取り組み始めたのが、個人メドレーだ。

今井は平泳ぎだけではなく、自由形やバタフライなどほかの種目のレベルも高かった。個人メドレーでもあっという間に日本トップクラスに上り詰め、リオデジャネイロ五輪、2017年の世界水泳は個人メドレーで代表入りを果たした。

平泳ぎが伸び悩むなかでも世界と戦うチャンスをつかむことができた個人メドレーは、今井にとって大切な種目でもあった。しかし、どこかに物足りなさを感じていたのも事実だった。

「本当に大好きなのは平泳ぎ。ずっと平泳ぎで日本代表になりたい、という思いがあったんです」

そこで大学4年生となった昨年、大きな覚悟をもって練習環境を変えた。

「今までは試合でも練習でもネガティブなことばかり考えていたんですけど、環境を変えたことで吹っ切れたというか。苦しくても、もうやるしかない、と前向きに練習を頑張ることができていました」

練習に取り組む姿勢の変化が記録にも表れた。8月のインカレ水泳で中学3年生から更新できていなかった200m平泳ぎの自己ベストを7年ぶりに更新。今年4月の日本選手権でもさらにその記録を更新し、ようやく大好きな平泳ぎで世界水泳の代表権を獲得することができた。

「やっとスタートラインに立てた。日本のお家芸、平泳ぎの代表として世界と戦えることを証明したいです」

PROFILE

今井月（いまい・るな）

2000年8月15日生まれ、22歳。岐阜県出身。12歳で初出場した日本選手権200m平泳ぎで3位となり注目を集める。2016年リオデジャネイロ五輪、2017年世界水泳は200m個人メドレーで代表入り。昨年の日本選手権では200m平泳ぎで初優勝を果たし、同年インカレ水泳で中学時代の自己ベストを更新。勢いそのままに今年の日本選手権の同種目で連覇を果たし、6年ぶりの世界水泳代表権を獲得した。池江璃花子とは同い年で親友。

文・田坂友暁　写真・高須力

鈴木 聡美

SATOMI SUZUKI

地元福岡の応援を背に
爆発的な泳ぎで自己記録更新

ロンドン五輪メダリストの鈴木聡美を動かし続けたのは、「故郷で開催される世界水泳福岡にどうしても出たい」。その思いを実らせ、6年ぶりに世界水泳の舞台に立つ。

取り戻した大きな泳ぎで 29秒台を出して表彰台を狙う

地元である福岡県での世界水泳開催が決定してからは、それが鈴木聡美の競技を続ける大きなモチベーションになった。

「コンディションも良いし、調子も上がってきている。だからこそ何が何でも出たいという気持ちで、最後は力を振り絞りました」

そう振り返るのは、今年4月の日本選手権最終日に行われた50m平泳ぎのレースだ。鈴木らしい、ひと蹴りするたびに大きく、力強く進む泳ぎで30秒44をマーク。実に5年ぶりの自己ベスト更新となるこの記録が、夢にまで見た世界水泳福岡に鈴木を導いた。

SATOMI SUZUKI

２００９年、大学1年生だった鈴木はインカレ水泳の１００m平泳ぎで日本記録を樹立。その後も順調に記録を伸ばし続け、２０１２年のロンドン五輪で3つのメダルを獲得する。だが、その後は泳ぎがうまくかみ合わないことが続き、リオデジャネイロ五輪では準決勝敗退、東京五輪は代表入りを逃してしまう。

それでも、鈴木は諦めなかった。恩師である神田忠彦コーチの「お前ならやれる」という言葉を信じ、ひたすらに自分にやれることに取り組み続けてきた。故郷で開催される世界水泳福岡に出るために。

もう一度強い自分を取り戻すには何をしなければならないのか。神田コーチと話し合い、２００mをベースにしたトレーニングを組んだ。近年、50mと１００mを意識してパワー重視の泳ぎになっていた。だが、そのせいで鈴木の特徴である強いキックを活かした大きく伸びる泳ぎが影を潜めていたのは事実。練習を見直したことで、本来の泳ぎを取り戻し、日本選手権での自己ベスト更新につながった。

今大会で狙うのも、当然自己ベストだ。「50mで29秒台を狙いたい。そうすれば自ずと決勝進出が見えてくると思います」

強い思いでつかんだ福岡の舞台で、感謝の気持ちを胸に、世界との戦いに挑む。

PICK UP SWIMMERS 09

PROFILE

鈴木聡美（すずき・さとみ）

1991年1月29日生まれ、32歳。福岡県出身。山梨学院大学に進学後、急激に記録を伸ばし1年時に100m平泳ぎで1分06秒32の日本記録を樹立（当時）。2010年日本選手権で50m、100m、200m平泳ぎ3冠を果たすとロンドン五輪では100m平泳ぎとメドレーリレーで銅メダル、200m平泳ぎで銀メダルと、日本競泳女子初となる五輪一大会で3つのメダルを獲得した。今年4月の日本選手権50m平泳ぎで優勝。6年ぶりの世界水泳代表入り。

文・田坂友暁　写真・日下将樹

PICK UP SWIMMERS 10

乾 友紀子

YUKIKO INUI

日本初のソロ金メダリスト
福岡で再び世界の頂点へ

長く日本のアーティスティックスイミングを牽引してきた乾友紀子。2022年、井村雅代コーチと二人三脚で日本人初となるソロ金メダルを獲得した彼女が、今大会で目指すのものとは。

文・田坂友暁　写真・高須力

世界を圧巻する演技で 悲願のソロ金メダリストに

ハンガリー・ブダペストの青い空の下、日本の鳳凰《ほうおう》が世界を席巻した。

「心から憧れていた金メダルを首からさげていて、今その重みを感じています。とてもうれしいです」

2022年の世界水泳、アーティスティックスイミング（以下AS）のソロテクニカルルーティンでライバルたちを圧倒し、日本ASソロ史上初となる金メダルを獲得した乾友紀子はそう話した。

規定の演技要素をこなし、その技術力の評価が得点に大きく反映されるテクニカルルーティンは、どこか機械的になりやすい。決められた演技をきっちりこなすほうが得点が伸びるからだ。だが、そんななかで乾は〝演技〟することを忘れなかった。技の完成度は保ちつつ、水面を優雅に舞うように泳ぐ姿は、金メダリストにふさわしい風格を漂わせていた。

続くソロフリールーティンでも「大《お》蛇《ろち》」をテーマにし、他を寄せつけない演技を披露。大蛇のうねるような波打つ滑らかな動きを表現するため、乾は指導を受ける井村雅代コーチとともに、体を細部に渡るまで動かすトレーニングを積み重ねた。例えば、単純に肘を曲げ伸ばしするのではなく、肩から指先までを使って肘を曲げる。普段は使わないような筋肉まで使えるように、体の隅々まで意識を行き渡らせるための練習を繰り返してきたのだ。緩急がついた色鮮やかな演目が終わると、会場は拍手喝采。この種目でも金メダルを獲得し、世界水泳ソロ2冠を達成した。

日本は、同調性を武器にデュエットやチームでは世界大会で数々のメダルを獲得してきたが、ソロでは手足が長く表現力の高い海外勢が有利だった。大先輩たちが何度も挑んでは届かなかったソロの頂点に、ようやく乾が立つことができた。

「ずっと私を支えてきてくれた井村先生に恩返しができたかなと思います」と話す乾のその表情は、ブダペストの空のように晴れやかであった。

「ソリストとして世界で戦いたい」二人三脚で日本人初の連覇へ挑む

PICK UP SWIMMERS 10

INUI

覚悟のソロ専念でつかんだ金 次は福岡の地で

世界水泳では種目数の多いASだが、五輪ではデュエットとチームの2種目のみが行われる。2009年に代表入りし、2013年から世界水泳ではソロにも出場するようになった乾だが、五輪でメダルを獲るために、デュエットもチームも、すべての種目に全力で取り組み続けた。

2021年、東京で開催された自身3度目の挑戦となる五輪でメダルなしという結果に終わったあと、乾は井村コーチに大きな決意を伝えた。

「もう、五輪でやることはやりきりました。今度は、自分1人で世界に評価されたい。結果が良くても、悪くても、私1人で評価をされたいんです」（乾）

長年日本や海外の代表チームを指導し、数々のメダリストを育てあげてきた井村コーチ。幼少期から乾の素質を見抜き、デュエットやチームはもちろん、ソロでも世界で活躍できる逸材であると手塩にかけて育ててきた。だからこそ、「乾の決意が生半可なものではないことはすぐに分かったので、それなら私もその挑戦に乗ろう、と思いました」（井村コーチ）

乾と井村コーチ、2人でソロに集中して挑んだ2022年世界水泳ブダペスト。そこで日本人初のソロ金メダル、さらに2種目制覇という偉業を成し遂げた。

しかし2人の歩みはそこで止まらなかった。ブダペストから帰国してすぐ、次の目標に向けて始動する。1年後の福岡で開催される世界水泳の舞台だ。

「今までは世界水泳でメダルが獲りたいとか、五輪でメダルが獲りたいという感じでした。でも、今回の世界水泳は、福岡で開催されるということ自体が、私の大きなモチベーションになっているんです」（乾）

乾は2001年の世界水泳福岡で、立花美哉、武田美保のデュエットが金メダルに輝いた姿を鮮明に覚えている。

「2人のフリールーティンの演技はすごく憧れで、小さいときにマネをしてやっていたのをすごく覚えています」（乾）

乾が2人に憧れてASの世界に足を踏み入れたように、次世代の選手たちに自分の演技を見てもらい、自分と同じようにASを頑張ろうと思ってくれる選手が一人でも増えたら。前回大会で悲願の金メダルを達成しながらも、もう一度世界で戦うモチベーションは、ここにある。

写真：平安写真館（p.40、p.41下）

新しい
アーティスティック
スイミングは
「これ」だという
演技を見せて
（井村雅代コーチ）

表現力と
最高難度の
演技をしたいという
思い両方を
大事に頑張ります

採点方法の変更に合わせ構成も技術も進化し続ける

福岡で連覇達成――乾と井村コーチの挑戦の前に、大きく立ちはだかるものがあった。それが、採点方法の変更だ。一つひとつの技に難易度が設定され、それらの合計点で勝敗が決まるようになる。

「これまでとはまるっきり違うので、どうすれば高得点が得られるのか、試行錯誤の毎日です」（井村コーチ）

新ルールでは、潜った状態で行う脚技の数を増やさなければ高得点が得られないことが分かった。しかし、今まで以上に脚技を組み込んだ演技構成では、動きを支える腕に大きな負荷がかかる。

「その負荷に耐えられるように、と上半身のウエイトトレーニングを大きく変えました」（井村コーチ）

肉体改造に取り組んだ乾は、ベンチプレスで男性でも難しい１００kgを上げられるまでに。長く続く激しい脚技を泳ぎこなせる体を作り上げた。

テクニカルルーティンの演目は、前回大会のものから変更。「水のゆくえ」がテーマだ。一滴の水が地上に落ちて川になり、海になって広がっていくという水の流れに、乾が水に出会って今に至る水泳人生を重ね合わせて表現していく。フリールーティンのテーマは昨年と同じ「大蛇」だが、昨年の良いところは残しつつも、ルール変更にあわせて演技構成を大きく変えた。激しく動き続ける技が途切れることなく続く、新しい「大蛇」となった。

「世界一の難易度と世界一の表現力を求めています。ハードなのは分かっていますけど、その2つができた人が世界チャンピオンになれるわけです。私は乾にその両方を求めていますし、それをできる子やと思っています」（井村コーチ）

YUKIKO

憧れだった自国開催の世界水泳「たくさんの人に見てもらいたい」

「自分の演技の中では難易度とか表現力とか目指すものはあるんですけど、やっぱりたくさんの方に見てもらいたいなっていう思いが一番強いんです。なので、私の最高のパフォーマンスをたくさんの方に見てもらいたいです」（乾）

日本の観客の前で、世界一の演技を。乾と井村コーチの二人三脚での旅は、福岡の表彰台、その頂点だけを目指している。

PROFILE

乾友紀子（いぬい・ゆきこ）

1990年12月4日生まれ、32歳。滋賀県出身。幼少期から踊ることや表現することが大好きで、小学1年生から地元のスイミングクラブで競技をスタート。17歳で出場した世界ジュニアのデュエットで銀メダルを獲得。ロンドンから五輪3大会に出場し、リオデジャネイロ五輪ではデュエット、チームの2種目で銅メダルを獲得。東京五輪後にソリストに専念し世界水泳ブダペストで日本ソロ初の金メダル2つを獲得した。

玉井 陸斗

RIKUTO TAMAI

世界水泳初の快挙なるか
金色に輝くメダルをその手に

日本飛込界の止まっていた時計の針を動かした。
昨年の世界水泳で、21年ぶりとなるメダルをもたらした玉井陸斗は、
世界水泳福岡でさらに輝く色のメダル獲得を目指す。

文・田坂友暁　写真・高須力

PICK UP SWIMMERS 11

21年ぶりの歓喜をもたらした15歳の銀メダリスト

15歳の少年が、しろがね色に輝くメダルを胸に、表彰台で誇らしげな笑顔を見せた。玉井陸斗が、2022年世界水泳において、世界の覇権を握る中国の一角を崩して銀メダルを手にした瞬間である。このメダルは、女子シンクロ飛板飛込の銀メダルとともに、飛込界に21年ぶりにもたらされた快挙であった。

「めちゃくちゃうれしい。プレッシャーもありましたけど、そのなかでメダルを獲れたというのは自信につながります。偉大な先輩、寺内健さんの21年前の銅メダルを超えられたのもうれしいです」

玉井が今大会でメダルを狙う上で、必

ず倒さなければならない選手たちがいた。１０９Ｂ（前宙返り4回半えび型）という最高難度の技を武器に、１００ポイントオーバーを連発する中国が誇る楊健（ヨウ ケン）。そして次世代を担うユース五輪金メダリストの楊昊（ヨウ コウ）という、中国の2人である。

もちろん、ライバルはそれだけではない。多くの国でベテラン選手が東京五輪を契機に引退し、若手にスイッチ。世代が変わったことで、玉井を含めた各選手の演技の難易度と技の完成度がほぼ同じレベルに収まっており、どの選手にもメダル獲得のチャンスがあった。

このチャンスを、玉井は見逃さなかった。１本もミスが許されない決勝で、玉井は高難度の技でも入水を決めて得点を積み重ねていく。その演技からは、絶対にメダルを獲るんだ、という執念にも似た気迫が伝わってきた。その思いが届いたか、世界大会でミスをする姿など見たことがない中国の2選手が3ラウンド目に大きなミスで得点を下げ、玉井がトップに立ったのである。

その後、一時は順位を4位に下げたが、最終ラウンドの得意技である５２５５Ｂ（後ろ宙返り2回半2回半ひねりえび型）で高得点をたたき出し、強豪中国の一角を崩しての銀メダルに、玉井はこぶしを振り上げて喜びを爆発させた。

中学1年生で高飛込の日本一に
東京五輪では7位入賞

物おじしない性格と
高い回転力を武器に世界と戦う

玉井を指導する馬淵崇英コーチは「回転力が抜群に良い。入水の技術もとても高いので世界のメダルが狙える選手」と、玉井が小学生のときからポテンシャルを見抜いていた。

その理由は、技の難易度にある。通常、飛込選手は小学生、中学生と年齢が上がるに連れて技の難易度を上げていき、高校生以上になってようやく世界を目指せる難易度の技が飛べるようになる。ところが、玉井は小学生のときからすでに日本トップで戦う大学生や社会人選手たちと同じ難易度の技ができていたという。しかも、完成度は高かった。だからこそ、中学1年生になったばかりの2019年4月に迎えた全国大会デビュー戦で、いきなり男子高飛込で優勝を果たすことができたのである。

日本のトップに立った玉井は、2020年に行われた日本選手権の高飛込で、リオデジャネイロ五輪の3位相当の得点をマーク。すでに世界でメダル争いができるだけの実力を国内外に見せつけた。

しかし、新型コロナウイルスの感染拡大もあり、玉井は国際大会に出場する機会に恵まれない。結果として、国際大会は2回目という特異なキャリアで迎えた東京五輪だったが、玉井は肝が据わった演技を見せる。小さなミスはあったものの、それでも次々に高得点をマークする演技を見せ、高飛込で7位入賞。「かなり緊張しました」と話していたが、試合中はそんな緊張をみじんも感じさせないほど、堂々としていた。「大胆不敵」という言葉がよく似合う、この物おじしない性格も玉井の大きな魅力である。

RIKUTO TAMAI

強豪中国を倒し
世界水泳金という快挙を狙う

目標を見事に達成できた2022年シーズンを終え、世界水泳福岡に向けて新たにスタートを切った玉井は、早速前回の世界水泳で見えた課題修正に取り組む。

「207B（後ろ宙返り3回半えび型）や307C（前逆宙返り3回半抱え型）といった、後ろ向きに宙返りする技が苦手なので、その精度を高めるために基礎から作り直しました」

肉体改造にも着手。世界トップクラスのダイバーたちは体格がしっかりしており、肉体の強さで回転のキレを生み出している。玉井はまだ成長期ということもあり、そこは世界に届かない部分でもあるが、徐々に筋量もアップしてきた。

「1年前に比べると、体幹はすごく強くなったと思っています。そのおかげで、ひねる技はすごく完成度が上がってきました。また、下半身の強化にも取り組ん

PICK UP SWIMMERS

11

肉体も技も進化を続ける16歳 完成度の高い演技で表彰台の頂点へ

できました。難しい高難度の技をするには、やっぱりジャンプ力が必要になってきます。下半身をしっかり強化することで、高難度の技が以前より簡単になったというか、うまくできるようになったという実感があります」

そして今年4月、世界水泳福岡の代表選考会を兼ねた翼ジャパンダイビングカップで、玉井は高飛込で４８０・１０点を出して危なげなく優勝を果たした。

「まずは優勝できてホッとしています。予選のほうが良い演技ができていたところもありましたが、後半に修正できたのは良かった点だと思います」

得点こそ目標の５００点台に届かなかったが、世界水泳に向けた手応えはつかんだ様子。指導する馬淵コーチも「本調子ではなかった」としながらも、一定の評価を与える。

「目標に達することができなかったのは残念ですが、今日できることはできたと思います。一つひとつの演技で１００ポイントを獲得できるような完成度を目指して、足りない部分についてはもっと詰めて練習していきます」（馬淵コーチ）

自身2度目の世界水泳となる福岡では、大きく「金メダル獲得」を目標に掲げる。

「昨年は銀メダルという結果で終わってしまったので、次こそは金メダルを獲るぞ、という気持ちです」

銀メダルに〝終わってしまった〟と言ってのけるところも、玉井の剛毅《ごうき》なところである。すでに玉井の演技構成は十分に金メダルを狙えるところにある。あとは6回の演技すべてを「ほぼ完璧に決める」だけだ。世界トップクラスのダイバーでも1、2回は入水のミスは起こしてしまうものだが、笑顔でさらっと「金メダルが目標」と言ってしまえる玉井なら、そんな難しい課題すら難なくやってしまいそうだ。

自分が諦めなければ、必ず報われる瞬間が訪れることを玉井は知っている。だから、絶対に諦めない。意志の強さを力に変えて、玉井は飛込界初となる世界水泳金メダルという快挙達成への階段を、着実に上り始めている。

PROFILE

玉井陸斗（たまい・りくと）

2006年9月11日生まれ、16歳。兵庫県出身。3歳で水泳を始め、小学1年生のときに飛込教室を体験したことで飛込の世界に。類いまれな身体能力を活かした回転力と、名将馬淵崇英コーチのもとで磨かれた入水技術を武器に、12歳で日本のトップに立つと、そのまま一気に世界の舞台へと駆け上がる。中学3年生で出場した東京五輪では男子高飛込で7位入賞。高校1年生になった昨年の世界水泳ブダペストでは高飛込で銀メダルを獲得した。好きな食べ物は、牛タン。

種目別見どころガイド

男子自由形

日本代表

塩浦慎理　松元克央

文・牧野豊（p.46-59）、田坂友暁（p.60-65）
撮影・高須力、小川和行

世界の上位を占める新世代に充実の〝カツオ〟が挑む

男子自由形の短距離には、今大会を盛り上げるスター候補が多く揃う。その筆頭は、18歳のダビド・ポポビッチ（ルーマニア）だ。昨年は世界水泳で100m、200mの2冠、欧州選手権で100mでの世界記録（46秒86）樹立と一気に頂点に駆け上がった。そのポポビッチに迫るのが同い歳の潘展楽（ハンテンラク／中国）。今年5月に100mでアジア新記録（47秒22）、200mでも中国新記録をたたき出している。両距離ではほかにも20歳のマシュー・リチャーズ（イギリス）やファン・ソヌ（韓国）をはじめ、若い世代が表彰台候補に名を連ねる。

彼らに挑むのが昨秋以降、好調を維持する26歳の松元克央、愛称は〝カツオ〟だ。世界のスピード化が進むなか、本職の200mに磨きをかけるため、これまで以上に100mに注力。その成果が今年4月の日本選手権での日本記録樹立（47秒85）と、200m6連覇につながった。夏への手応えを十分につかんでいる。

50mには日本記録保持者の塩浦慎理が出場。世界の上位陣の壁は高いが、2001年の世界水泳福岡で自身の出身校・中央大学の大先輩である山野井智広が銅メダルを獲得した縁深い種目でもあり、貪欲に攻めたいところだ。

長距離種目では東京五輪、昨年の世界水泳で800m、1500mの金メダル争いを展開したボビー・フィンク（アメリカ）とグレゴリオ・パルトリニエリ（イタリア）、今年4月に1500mの世界歴代4位の記録を出したフローリアン・ベルブロック（ドイツ）らのベテランのみならず、若手の台頭も著しい。400mでも上位を狙う19歳のサムエル・ショートなどのオーストラリア勢をはじめ、22歳のダニエル・ウィフェン（アイルランド）、21歳のキム・ウミン（韓国）は伸びしろ十分。持ち味のスピードで実績組の牙城を崩しにかかる。

男子200m自由形

競技日程		
予選7/24AM　準決勝7/24PM　決勝7/25PM		
DATA		
世界記録	ポール・ビーダーマン（ドイツ／2009年）	1:42.00
日本記録	松元克央（2021年）	1:44.65
2021年東京五輪メダリスト		
金	トム・ディーン（イギリス）	1:44.22
銀	ダンカン・スコット（イギリス）	1:44.26
銅	フェルナンド・シェフェル（ブラジル）	1:44.66
2022年世界水泳メダリスト		
金	ダビド・ポポビッチ（ルーマニア）	1:43.21
銀	ファン・ソヌ（韓国）	1:44.47
銅	トム・ディーン（イギリス）	1:44.98

男子100m自由形

競技日程		
予選7/26AM　準決勝7/26PM　決勝7/27PM		
DATA		
世界記録	ダビド・ポポビッチ（ルーマニア／2022年）	46.86
日本記録	松元克央（2023年）	47.85
2021年東京五輪メダリスト		
金	ケイレブ・ドレセル（アメリカ）	47.02
銀	カイル・チャルマース（オーストラリア）	47.08
銅	クリメント・コレスニコフ（ROC）	47.44
2022年世界水泳メダリスト		
金	ダビド・ポポビッチ（ルーマニア）	47.58
銀	マキシム・グルセ（フランス）	47.64
銅	ジョシュア・リエンド エドワーズ（カナダ）	47.71

男子50m自由形

競技日程		
予選7/28AM　準決勝7/28PM　決勝7/29PM		
DATA		
世界記録	セザール・シエロフィーリョ（ブラジル／2009年）	20.91
日本記録	塩浦慎理（2019年）	21.67
2021年東京五輪メダリスト		
金	ケイレブ・ドレセル（アメリカ）	21.07
銀	フローラン・マナドゥ（フランス）	21.55
銅	ブルーノ・フラトゥス（ブラジル）	21.57
2022年世界水泳メダリスト		
金	ベンジャミン・プラウド（イギリス）	21.32
銀	マイケル・アンドリュー（アメリカ）	21.41
銅	マキシム・グルセ（フランス）	21.57

※日本記録および世界記録は、2023年5月10日時点。審議中のものも含む。

注目選手》 ルーマニア
ダビド・ポポビッチ

伸び盛りの100m
世界記録保持者

弱冠18歳、歴史に名を刻む潜在能力を備えた新時代スターだ。16歳で臨んだ東京五輪は100m 7位、200m 4位。そこから翌年の世界水泳で一気に2冠王者へと躍進。記録面でも13年ぶりに100mの世界記録を塗り替え（46秒86）、200mの自己ベストも1分42秒97と他の追随を許さない。190cmと長身だが体重80kgと細身で、パワーよりも推進効率の良い泳法が持ち味。福岡では史上初の100m、200m自由形連覇、そしてさらなる世界新記録を狙う。

写真：ロイター／アフロ

注目選手》 日本
松元克央

進化を遂げた
松元克央の挑戦

活きの良い〝カツオ〞が、進化して戻ってきた。2019年の世界水泳200mで銀メダルを獲得も、東京五輪は失意の予選落ち。自分自身の殻を破るべく2022年4月から練習環境を変えて再出発。6月に挑んだ世界水泳では世界の高速化を肌で感じ、そこからはスピードを意識して取り組んできた。今年4月の日本選手権では自由形のみならず、100mバタフライも制するなど、スケールアップ。再び世界と互角に勝負する時を、松元克央は心待ちにしている。

男子1500m自由形		
競技日程		
予選7/29AM　決勝7/30PM		
DATA		
世界記録	孫楊(ソン ヨウ)（中国／2012年）	14:31.02
日本記録	山本耕平（2014年）	14:54.80
2021年東京五輪メダリスト		
金	ボビー・フィンク（アメリカ）	14:39.65
銀	ミハイロ・ロマンチュク（ウクライナ）	14:40.66
銅	フローリアン・ベルブロック（ドイツ）	14:40.91
2022年世界水泳メダリスト		
金	グレゴリオ・パルトリニエリ（イタリア）	14:32.80
銀	ボビー・フィンク（アメリカ）	14:36.70
銅	フローリアン・ベルブロック（ドイツ）	14:36.94

男子800m自由形		
競技日程		
予選7/25AM　決勝7/26PM		
DATA		
世界記録	張琳(チョウ リン)（中国／2009年）	7:32.12
日本記録	黒川紫唯（2021年）	7:49.55
2021年東京五輪メダリスト		
金	ボビー・フィンク（アメリカ）	7:41.87
銀	グレゴリオ・パルトリニエリ（イタリア）	7:42.11
銅	ミハイロ・ロマンチュク（ウクライナ）	7:42.33
2022年世界水泳メダリスト		
金	ボビー・フィンク（アメリカ）	7:39.36
銀	フローリアン・ベルブロック（ドイツ）	7:39.63
銅	ミハイロ・ロマンチュク（ウクライナ）	7:40.05

男子400m自由形		
競技日程		
予選7/23AM　決勝7/23PM		
DATA		
世界記録	ポール・ビーダーマン（ドイツ／2009年）	3:40.07
日本記録	萩野公介（2014年）	3:43.90
2021年東京五輪メダリスト		
金	アフマド・ハフナウィ（チュニジア）	3:43.36
銀	ジャック アラン・マクラフリン（オーストラリア）	3:43.52
銅	キエラン・スミス（アメリカ）	3:43.94
2022年世界水泳メダリスト		
金	エライジャ・ウィニングトン（オーストラリア）	3:41.22
銀	ルーカス・マルテンス（ドイツ）	3:42.85
銅	ギリェルメ・コスタ（ブラジル）	3:43.31

男子背泳ぎ

日本勢はまずは決勝へ 50m、100mは世界新も!?

100mに出場するのは、8大会連続の世界水泳代表、33歳の入江陵介。今春の日本選手権で10連覇を達成したが、「世界では（まだ）勝負できていないと思うので、厳しい目を持ってやりたい」と本番に向け、気を引き締める。近年世界のメダル獲得のハードルが高さを増している種目だが、まずは自分の泳ぎに集中して世界の表彰台へ返り咲きを狙う。

200mは2人の大学生、竹原秀一と柳川大樹が初代表となる世界水泳の舞台でどのような泳ぎを見せてくれるのか。今年4月の日本選手権ではともに代表内定条件記録を突破、自己ベストも更新する泳ぎで文句なしに福岡への切符をつかんだ。伸び盛りゆえ、本番までにさらに成長する余地はあり、貪欲に決勝進出を狙い、パリ五輪へとつなげたい。

また、男子背泳ぎの50m、100mは昨年、世界記録が新たに塗り替えられた種目。福岡でも〝その瞬間〟が訪れる可能性は十分に期待できる。

日本代表

入江陵介

竹原秀一

柳川大樹

注目選手》

日本

竹原秀一

故郷・福岡に錦を飾る

200m代表の東洋大学1年生、竹原秀一は、男子代表では唯一、開催地・福岡で生まれ育った選手だ。両親や中高をともにした地元の友人らの応援を背に、自身初の世界水泳に挑む。ひと目で竹原だと分かる体の上下動が大きなフォームは、「かなり水の抵抗を受ける」（竹原）ものの、その方がリズム良く推進力を生み、速く泳げるのだから、それもまた個性だ。来年のパリ五輪を見据えて、この夏は決勝進出を目標に掲げる。

注目選手》

イタリア

トマス・チェッコン

イタリア躍進の中核

世界のトップシーンで存在感を増すイタリア。その代表的な選手が22歳のトマス・チェッコンだ。197cm、89kgの恵まれた体格、体軸のブレが少ない泳ぎを武器に、昨年の世界水泳では100mを51秒60の世界新記録で金メダル。400mメドレーリレーでも第1泳者（背泳ぎ）としてイタリア史上初のリレー種目の金メダル獲得に貢献した。自由形やバタフライの短距離にも強く、福岡でも世界を驚かせてくれるだろう。

写真：アフロ

男子200m背泳ぎ		
競技日程		
予選7/27AM　準決勝7/27PM　決勝7/28PM		
DATA		
世界記録	アーロン・ピアソル（アメリカ／2009年）	1:51.92
日本記録	入江陵介（2009年）	1:52.51
2021年東京五輪メダリスト		
金	エフゲニー・リロフ（ROC）	1:53.27
銀	ライアン・マーフィー（アメリカ）	1:54.15
銅	ルーク・グリーンバンク（イギリス）	1:54.72
2022年世界水泳メダリスト		
金	ライアン・マーフィー（アメリカ）	1:54.52
銀	ルーク・グリーンバンク（イギリス）	1:55.16
銅	シャイン・カサス（アメリカ）	1:55.35

男子100m背泳ぎ		
競技日程		
予選7/24AM　準決勝7/24PM　決勝7/25PM		
DATA		
世界記録	トマス・チェッコン（イタリア／2022年）	51.60
日本記録	入江陵介（2009年）	52.24
2021年東京五輪メダリスト		
金	エフゲニー・リロフ（ROC）	51.98
銀	クリメント・コレスニコフ（ROC）	52.00
銅	ライアン・マーフィー（アメリカ）	52.19
2022年世界水泳メダリスト		
金	トマス・チェッコン（イタリア）	51.60
銀	ライアン・マーフィー（アメリカ）	51.97
銅	ハンター・アームストロング（アメリカ）	51.98

男子50m背泳ぎ		
競技日程		
予選7/29AM　準決勝7/29PM　決勝7/30PM		
DATA		
世界記録	ハンター・アームストロング（アメリカ／2022年）	23.71
日本記録	古賀淳也（2009年）	24.24
2021年東京五輪メダリスト		
実施なし		
2022年世界水泳メダリスト		
金	ジャスティン・レス（アメリカ）	24.12
銀	ハンター・アームストロング（アメリカ）	24.14
銅	ザベリ・マシュク（ポーランド）	24.49

男子平泳ぎ

渡辺、佐藤が復活 世界の舞台で優勝争いを!

日本勢が優勝争いに絡む期待を抱かせるのが男子200m平泳ぎだ。元世界記録保持者の渡辺一平、現日本記録保持者の佐藤翔馬はそれぞれ一時期の不振から脱却し、今年の日本選手権では昨年の世界水泳銀メダルの花車優らを抑えて代表入りを果たした。本番まで順調に調子を上げていけば、ともに世界トップレベルの自己ベストである2分6秒台の再現は十分にあり得る。世界記録保持者のアイザック・スタブルティ クック（オーストラリア）が実力通り出場してくれれば、真っ向勝負を挑みたいところだ。

50m、100mは東京五輪まで圧倒的な強さを見せてきたアダム・ピーティ（イギリス）が健康上の理由で今大会は欠場。覇権争いは、今年5月に100mのアジア新記録（57秒93）を出した覃海洋（タン カイヨウ／中国）、昨年の世界水泳50m銀メダル、100m金メダルのニコロ・マルティネンギ（イタリア）らを中心に展開されることが予想される。

日本代表

日本雄也

渡辺一平

佐藤翔馬

注目選手》 日本 渡辺一平

帰ってきた 元世界記録保持者

長いトンネルを抜け、ひのき舞台に帰ってきた――元200m世界記録保持者の渡辺一平は、東京五輪を国内選考会で落選、それ以降も膝の故障などもあり苦しい時期を過ごしてきた。しかし心機一転、練習環境を変えて再出発を果たすと調子を取り戻し、4年ぶりに日本代表へ返り咲いた。「世界で一番努力をして、世界記録を出せる自信を持って本番に臨みたい」。地元・九州（大分県出身）での大一番に力強い決意を持って向かっていく。

4月の日本選手権200m平泳ぎ決勝では、スタートで飛び出した渡辺が、中盤で佐藤にリードを許すも、ラスト25mで逆転しての優勝。日本のお家芸とも言われる種目だけに力が入る。

男子200m平泳ぎ		
競技日程		
予選7/27AM　準決勝7/27PM　決勝7/28PM		
DATA		
世界記録	アイザック・スタブルティ クック（オーストラリア／2022年）	2:05.95
日本記録	佐藤翔馬（2021年）	2:06.40
2021年東京五輪メダリスト		
金	アイザック・スタブルティ クック（オーストラリア）	2:06.38
銀	アルノ・カミンハ（オランダ）	2:07.01
銅	マッティ・マッツォン（フィンランド）	2:07.13
2022年世界水泳メダリスト		
金	アイザック・スタブルティ クック（オーストラリア）	2:07.07
銀	花車優（日本）	2:08.38
銀	エーリック・パーション（スウェーデン）	2:08.38

男子100m平泳ぎ		
競技日程		
予選7/23AM　準決勝7/23PM　決勝7/24PM		
DATA		
世界記録	アダム・ピーティ（イギリス／2019年）	56.88
日本記録	小関也朱篤（2018年）	58.78
2021年東京五輪メダリスト		
金	アダム・ピーティ（イギリス）	57.37
銀	アルノ・カミンハ（オランダ）	58.00
銅	ニコロ・マルティネンギ（イタリア）	58.33
2022年世界水泳メダリスト		
金	ニコロ・マルティネンギ（イタリア）	58.26
銀	アルノ・カミンハ（オランダ）	58.62
銅	ニック・フィンク（アメリカ）	58.65

男子50m平泳ぎ		
競技日程		
予選7/25AM　準決勝7/25PM　決勝7/26PM		
DATA		
世界記録	アダム・ピーティ（イギリス／2017年）	25.95
日本記録	小関也朱篤（2018年）	26.94
2021年東京五輪メダリスト		
実施なし		
2022年世界水泳メダリスト		
金	ニック・フィンク（アメリカ）	26.45
銀	ニコロ・マルティネンギ（イタリア）	26.48
銅	マイケル・アンドリュー（アメリカ）	26.72

男子バタフライ

前回大会のメダリスト 本多と水沼が再び表彰台へ!

男子バタフライは100m、200mともに昨年の世界水泳で日本がメダリストを輩出し、今回も表彰台の可能性が最も高い種目だ。

200mは日本のエース、本多灯が東京五輪から続く世界大会3連続メダル獲得を目指す。初代表の森本哲平も決勝進出を十分に狙える力を備えている。

100mは昨年の世界水泳銀メダリストの水沼尚輝、その水沼を抑えて今年の日本選手権を制した松元克央が揃い、渾身の泳ぎで世界の頂点に迫る。

また50mでは、今年日本記録を樹立した川本武史が世界の壁に果敢に挑む。

注目選手》

ハンガリー

クリストフ・ミラーク

写真:ロイター/アフロ

前回の世界水泳は、ミラークにとって自国開催であり、地元の応援を受けての世界記録樹立となった。今回は日本開催。私たちの応援の声は、ミラークに挑む日本選手の力となるはずだ。

絶対的王者ミラークに肉薄せよ!

現在、男子バタフライの頂点に君臨するのが23歳のクリストフ・ミラーク(ハンガリー)だ。2019年世界水泳200mでは19歳にして世界新記録で初の金メダル。2位以下を寄せ付けない圧勝ぶりは、2021年東京五輪、2022年世界水泳でも続けて再現された。昨年は100mも完勝し2冠を達成。その牙城を崩すことは至難だが、表彰台に登り続けている日本勢がミラークとの差をいかに縮め、頂点への活路を見いだせるか。注目したい。

写真:ロイター/アフロ

日本代表

松元克央

川本武史

水沼尚輝

本多灯

森本哲平

男子200mバタフライ

競技日程		
予選7/25AM　準決勝7/25PM　決勝7/26PM		
DATA		
世界記録	クリストフ・ミラーク(ハンガリー/2022年)	1:50.34
日本記録	瀬戸大也(2020年)	1:52.53
2021年東京五輪メダリスト		
金	クリストフ・ミラーク(ハンガリー)	1:51.25
銀	本多灯(日本)	1:53.73
銅	フェデリコ・ブルディソ(イタリア)	1:54.45
2022年世界水泳メダリスト		
金	クリストフ・ミラーク(ハンガリー)	1:50.34
銀	レオン・マルシャン(フランス)	1:53.37
銅	本多灯(日本)	1:53.61

男子100mバタフライ

競技日程		
予選7/28AM　準決勝7/28PM　決勝7/29PM		
DATA		
世界記録	ケイレブ・ドレセル(アメリカ/2021年)	49.45
日本記録	水沼尚輝(2022年)	50.81
2021年東京五輪メダリスト		
金	ケイレブ・ドレセル(アメリカ)	49.45
銀	クリストフ・ミラーク(ハンガリー)	49.68
銅	ノイ・ポンティ(スイス)	50.74
2022年世界水泳メダリスト		
金	クリストフ・ミラーク(ハンガリー)	50.14
銀	水沼尚輝(日本)	50.94
銅	ジョシュア・リエンド エドワーズ(カナダ)	50.97

男子50mバタフライ

競技日程		
予選7/23AM　準決勝7/23PM　決勝7/24PM		
DATA		
世界記録	アンドリー・ゴボロフ(ウクライナ/2018年)	22.27
日本記録	川本武史(2023年)	23.13
2021年東京五輪メダリスト		
実施なし		
2022年世界水泳メダリスト		
金	ケイレブ・ドレセル(アメリカ)	22.57
銀	ニコラス・サントス(ブラジル)	22.78
銅	マイケル・アンドリュー(アメリカ)	22.79

男子 個人メドレー

昨年王者のマルシャンに注目 瀬戸は9つ目のメダルへ

昨年の世界水泳個人メドレー2冠のレオン・マルシャン（フランス）が優勝候補筆頭で、大会全体の主役候補と言えよう。200mは汪順（オウ ジュン／中国）らライバルと拮抗した戦いが予想されるが、400mでは頭一つ抜け出た存在で最古の世界記録更新の期待も寄せられているからだ。

日本勢では世界水泳6大会連続出場の瀬戸大也が貪欲にマルシャンに挑む。今年4月の日本選手権では好調ぶりをアピールする泳ぎを見せた。これまで4個の金メダルを含む計8回表彰台に上ってきた生粋の〝世界水泳男〟だけに、2種目で表彰台、特に200mが競り合いとなれば頂点をつかむチャンスはある。同じく200m代表の大学2年生、小方颯は初の世界水泳だが、決勝進出は射程圏内だ。

400mでは、野球のWBCに感化を受け、「水泳界もすごいところを見せたい」と意気込む本多灯が、個人メドレーでは初の表彰台を狙う。

日本代表

本多灯

瀬戸大也

小方颯

注目選手》

フランス

レオン・マルシャン

最古の世界記録更新、なるか？

写真：アフロ

間違いなく競泳界の次世代スーパースターの一人であろう、レオン・マルシャンは、昨年の世界水泳で200m、400mの個人メドレー2冠を達成。特に400mは更新が困難と言われるマイケル・フェルプス（アメリカ）の世界記録（4分3秒84／2008年）まで0秒44に迫る快記録を出し、世界を驚がくさせた。現在21歳、伸びしろはまだまだある。パリ五輪の主役候補でもあるマルシャンが福岡で“フェルプス超え”を果たす瞬間を見逃すな！

写真：アフロ

世界水泳銀メダリストを父に持つ、競泳界の“サラブレッド”。フェルプスを育てたボブ・ボウマン氏に師事し、前回大会で花開いた才能がどこまで伸びるのか、今後も目が離せない。

男子400m個人メドレー		
競技日程		
予選7/23AM　決勝7/23PM		
DATA		
世界記録	マイケル・フェルプス（アメリカ／2008年）	4:03.84
日本記録	萩野公介（2016年）	4:06.05
2021年東京五輪メダリスト		
金	チェイス・カリシュ（アメリカ）	4:09.42
銀	ジェイ・リザーランド（アメリカ）	4:10.28
銅	ブレンドン・スミス（オーストラリア）	4:10.38
2022年世界水泳メダリスト		
金	レオン・マルシャン（フランス）	4:04.28
銀	カーソン・フォスター（アメリカ）	4:06.56
銅	チェイス・カリシュ（アメリカ）	4:07.47

男子200m個人メドレー		
競技日程		
予選7/26AM　準決勝7/26PM　決勝7/27PM		
DATA		
世界記録	ライアン・ロクテ（アメリカ／2011年）	1:54.00
日本記録	萩野公介（2016年）	1:55.07
2021年東京五輪メダリスト		
金	汪順(オウ ジュン)（中国）	1:55.00
銀	ダンカン・スコット（イギリス）	1:55.28
銅	ジェレミー・デプランシュ（スイス）	1:56.17
2022年世界水泳メダリスト		
金	レオン・マルシャン（フランス）	1:55.22
銀	カーソン・フォスター（アメリカ）	1:55.71
銅	瀬戸大也（日本）	1:56.22

200m～1500mは群雄割拠の様相を呈す

女子自由形短距離は、6月に代表選考会が行われるオーストラリア勢が軸となる。100mでは東京五輪金メダルのエマ・マキーオン、昨年の世界水泳金メダルのモリー・オキャラハンをはじめ複数の選手が今年4月の国内選手権から世界トップレベルの記録を出しており、層の厚さは変わらず。誰が出てきても優勝候補と言える。19歳のオキャラハンは200mでも頂点を狙える力を備えている。オーストラリア勢の対抗馬は、同じく6月に代表選考会を行うアメリカ勢から出てくるだろう。また、50mではベテラン、サラ・ショーストロム（スウェーデン）が2大会連続3回目の優勝を果たすべく、順調なシーズンインを見せている。池江璃花子もこの2種目に出場予定で、まずは予選突破を目指す。

200mから1500mまでの4種目は、複数種目で頂点を狙う新旧のスター選手が群雄割拠の様相を呈している。特に昨年の世界水泳で自由形3冠のケイティ・レデッキー（アメリカ）をはじめ、400mの前世界記録保持者のアリアン・ティットマス（オーストラリア）に今年3月に現世界記録保持者となったサマー・マッキントッシュ（カナダ）の「3強」が出る種目は、常に世界記録更新の可能性を秘めたレースとなる。

日本勢は背泳ぎ2種目にも出場の白井璃緒が200m、昨年はオープンウォータースイミングで出場した森山幸美が1500mに出場する。世界水泳2大会連続出場となる難波実夢、小堀倭加は、800mでは19年も更新されていない最古の日本記録をターゲットにしたいところ。2人のこれまでの実績から日本記録更新は射程圏内にあるので、予選から思い切ったレースを実践できれば、決勝への道を切り開く可能性は生まれてくる。

女子自由形

日本代表

池江璃花子　白井璃緒　難波実夢　小堀倭加　森山幸美

女子200m自由形

競技日程		
予選7/25AM　準決勝7/25PM　決勝7/26PM		
DATA		
世界記録	フェデリカ・ペレグリーニ（イタリア／2009年）	1:52.98
日本記録	池江璃花子（2018年）	1:54.85
2021年東京五輪メダリスト		
金	アリアン・ティットマス（オーストラリア）	1:53.50
銀	シボーン・ホーヒー（香港）	1:53.92
銅	ペニー・オレクシアク（カナダ）	1:54.70
2022年世界水泳メダリスト		
金	楊浚瑄(ヨウ シュンセン)（中国）	1:54.92
銀	モリー・オキャラハン（オーストラリア）	1:55.22
銅	湯慕涵(トウ ボカン)（中国）	1:56.25

女子100m自由形

競技日程		
予選7/27AM　準決勝7/27PM　決勝7/28PM		
DATA		
世界記録	サラ・ショーストロム（スウェーデン／2017年）	51.71
日本記録	池江璃花子（2018年）	52.79
2021年東京五輪メダリスト		
金	エマ・マキーオン（オーストラリア）	51.96
銀	シボーン・ホーヒー（香港）	52.27
銅	ケイト・キャンベル（オーストラリア）	52.52
2022年世界水泳メダリスト		
金	モリー・オキャラハン（オーストラリア）	52.67
銀	サラ・ショーストロム（スウェーデン）	52.80
銅	トーリー・ハスク（アメリカ）	52.92

女子50m自由形

競技日程		
予選7/29AM　準決勝7/29PM　決勝7/30PM		
DATA		
世界記録	サラ・ショーストロム（スウェーデン／2017年）	23.67
日本記録	池江璃花子（2018年）	24.21
2021年東京五輪メダリスト		
金	エマ・マキーオン（オーストラリア）	23.81
銀	サラ・ショーストロム（スウェーデン）	24.07
銅	ペニレ・ブルム（デンマーク）	24.21
2022年世界水泳メダリスト		
金	サラ・ショーストロム（スウェーデン）	23.98
銀	カタジナ・バシク（ポーランド）	24.18
銅	エリカ・ブラウン(アメリカ) メグ・ハリス(オーストラリア)	24.38

注目種目》女子400m自由形

競泳初日から繰り広げられる「3強」の戦い

7月23日（日）に行われる女子400m自由形は、今大会の中でも最も見応えのあるレースの一つとなる。何と言っても、この種目の世界記録保持者として名を連ねてきた「3強」がぶつかり合うからだ。2大会連続5回目の優勝を狙う26歳のケイティ・レデッキー（アメリカ）、東京五輪でレデッキーを破り昨年5月にはレデッキーが保持していた世界記録を更新した22歳のアリアン・ティットマス（オーストラリア）、そして今年3月にそのティットマスの世界記録を塗り替えた16歳の新鋭、サマー・マッキントッシュ（カナダ）。3人とも複数種目で優勝を狙うタフなスイマーだが、それぞれの適性が最大限発揮されるのがこの種目とも言える。しかも、フレッシュな状態で迎える競泳競技初日に組まれているとなれば、世界記録更新が期待できるほどのハイレベルな勝負が繰り広げられる可能性は非常に高い。見逃し厳禁！

アメリカ
ケイティ・レデッキー
自己ベスト 3:56.46

カナダ
サマー・マッキントッシュ
自己ベスト 3:56.08

オーストラリア
アリアン・ティットマス
自己ベスト 3:56.40

写真：AP/アフロ

写真：ロイター/アフロ

写真：アフロ

女子1500m自由形		
競技日程		
予選7/24AM　決勝7/25PM		
DATA		
世界記録	ケイティ・レデッキー（アメリカ／2018年）	15:20.48
日本記録	柴田亜衣（2007年）	15:58.55
2021年東京五輪メダリスト		
金	ケイティ・レデッキー（アメリカ）	15:37.34
銀	エリカ・サリバン（アメリカ）	15:41.41
銅	サラ・ケーラー（ドイツ）	15:42.91
2022年世界水泳メダリスト		
金	ケイティ・レデッキー（アメリカ）	15:30.15
銀	ケイティー・グライムズ（アメリカ）	15:44.89
銅	ラニ・パリスター（オーストラリア）	15:48.96

女子800m自由形		
競技日程		
予選7/28AM　決勝7/29PM		
DATA		
世界記録	ケイティ・レデッキー（アメリカ／2016年）	8:04.79
日本記録	山田沙知子（2004年）	8:23.68
2021年東京五輪メダリスト		
金	ケイティ・レデッキー（アメリカ）	8:12.57
銀	アリアン・ティットマス（オーストラリア）	8:13.83
銅	シモナ・クアダレッラ（イタリア）	8:18.35
2022年世界水泳メダリスト		
金	ケイティ・レデッキー（アメリカ）	8:08.04
銀	キア・メルバートン（オーストラリア）	8:18.77
銅	シモナ・クアダレッラ（イタリア）	8:19.00

女子400m自由形		
競技日程		
予選7/23AM　決勝7/23PM		
DATA		
世界記録	サマー・マッキントッシュ（カナダ／2023年）	3:56.08
日本記録	柴田亜衣（2007年）	4:05.19
2021年東京五輪メダリスト		
金	アリアン・ティットマス（オーストラリア）	3:56.69
銀	ケイティ・レデッキー（アメリカ）	3:57.36
銅	李氷潔（リ ヒョウケツ）（中国）	4:01.08
2022年世界水泳メダリスト		
金	ケイティ・レデッキー（アメリカ）	3:58.15
銀	サマー・マッキントッシュ（カナダ）	3:59.39
銅	リア・スミス（アメリカ）	4:02.08

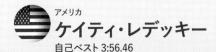

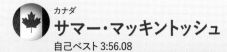

女子 背泳ぎ

マキュオンが世界記録で2冠なるか

2019年からトップ争いを演じてきた「3強」が、今年もその中心となる。

筆頭は東京五輪100m、200m2冠で、前回大会200m金メダルのカイリー・マキュオン（オーストラリア）だ。今年3月には100mに加えて200mでも世界記録保持者となり、存在感を強固にした。パリ五輪では2大会連続の背泳ぎ2冠を目指す。また、昨年の世界水泳100m金メダル、200mの前世界記録保持者のリーガン・スミス（アメリカ）も春先から絶好調で、この2人のハイレベルな争いは福岡でも再現されるだろう。もう1人、世界水泳では100mで2回、50mで1回金メダルに輝いたカイリー・マス（カナダ）は、調整なしで臨んだ今年3月の国内選考会の記録はいまひとつだったが、心配はない。じっくりと強化を進めて、福岡に照準を合わせてくるだろう。

日本勢では白井璃緒が五輪、世界水泳では初めて背泳ぎで出場権を獲得。まずは、4年ぶりの自己ベスト更新を目指す。

日本代表

白井璃緒

高橋美紀

弘中花音

写真：AAP/アフロ

ルールガイド》

ゴールタッチのルール変更

ラスト5mも潜水可能に

今年3月、世界水泳連盟が背泳ぎのルールを改定し、選手の頭部がゴール前5mを通過したら、体を完全に水没させることが可能となった。主な理由は、選手がゴールタッチする際に体が水没しているか否かの判定が難しいケースが多くなったため。これによりラスト5mでは水面での泳ぎよりも速さを追求しやすい水中バサロが可能となり、記録短縮の重要な局面になり得る。スタートおよびターンから15mは、従来通り潜水は可能だ。

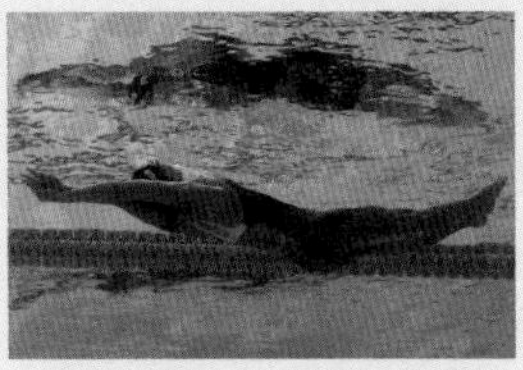

写真：AP/アフロ

女子200m背泳ぎ		
競技日程		
予選7/28AM　準決勝7/28PM　決勝7/29PM		
DATA		
世界記録	カイリー・マキュオン（オーストラリア／2023年）	2:03.14
日本記録	中村礼子（2008年）	2:07.13
2021年東京五輪メダリスト		
金	カイリー・マキュオン（オーストラリア）	2:04.68
銀	カイリー・マス（カナダ）	2:05.42
銅	エミリー・シーボーム（オーストラリア）	2:06.17
2022年世界水泳メダリスト		
金	カイリー・マキュオン（オーストラリア）	2:05.08
銀	フィービー・ベーコン（アメリカ）	2:05.12
銅	ライアン・ホワイト（アメリカ）	2:06.96

女子100m背泳ぎ		
競技日程		
予選7/24AM　準決勝7/24PM　決勝7/25PM		
DATA		
世界記録	カイリー・マキュオン（オーストラリア／2021年）	57.45
日本記録	寺川綾（2013年）	58.70
2021年東京五輪メダリスト		
金	カイリー・マキュオン（オーストラリア）	57.47
銀	カイリー・マス（カナダ）	57.72
銅	リーガン・スミス（アメリカ）	58.05
2022年世界水泳メダリスト		
金	リーガン・スミス（アメリカ）	58.22
銀	カイリー・マス（カナダ）	58.40
銅	クレア・カーザン（アメリカ）	58.67

女子50m背泳ぎ		
競技日程		
予選7/26AM　準決勝7/26PM　決勝7/27PM		
DATA		
世界記録	劉湘（リュウ ショウ）（中国／2018年）	26.98
日本記録	寺川綾（2013年）	27.51
2021年東京五輪メダリスト		
実施なし		
2022年世界水泳メダリスト		
金	カイリー・マス（カナダ）	27.31
銀	キャサリン・バーコフ（アメリカ）	27.39
銅	アナリア・ピグリー（フランス）	27.40

女子平泳ぎ

日本勢は三者三様 それぞれの目標に

女子平泳ぎでは、100m日本記録保持者の青木玲緒樹《れおな》が4回目の出場となる世界水泳で初の表彰台を目指す。前回大会は5位だったが、上位争いは混戦模様。前半から攻めるスタイルにさらに磨きがかかれば、現実的な目標となる。

6年ぶりの世界水泳となる今井月は、「自分の種目」と自負する200m平泳ぎで初めて出場権を獲得。苦しい時期がしばし続いてきたが、昨秋のインカレ水泳でこの種目で7年ぶりに自己ベストを更新すると今年4月の日本選手権でその記録をさらに伸ばして初優勝も遂げた。「世界のレベルも（夏に向け）また上がってくるのでしっかり準備したい」と大一番を心待ちにしている。

50mでは今年の日本選手権で5年ぶりに自己ベストを更新した32歳の鈴木聡美にも注目。3大会ぶりの世界水泳、しかも地元・福岡での開催ということもあり、表彰台への"ワンチャンス"を狙うべく、準備を進める。

日本代表

鈴木聡美

青木玲緒樹

今井月

注目選手》 日本 青木玲緒樹

第一人者の挑戦

青木玲緒樹は現在28歳。主要大会の日本代表となったのは大学卒業後と遅咲きの選手と言えるが、着実に成長。世界水泳では2019年4位、昨年は5位と100mでは確かな実績を重ねている。特に昨年は世界ランク1位だっただけに表彰台を逃した、と言えるだけの地力はついてきている。ライバルはタチアナ・スクンマーカー（南アフリカ）や世界記録保持者のリリー・キングなどのアメリカ勢あたりだが、青木にとっては持てる力を本番で発揮し切ることが何よりのカギとなる。

4月の日本選手権100m平泳ぎでは、自身3度目となる1分5秒台を出した。「国際大会ではまだ力を発揮できていない」と語る青木。今大会では、決勝での自己ベスト更新を狙う。

女子200m平泳ぎ		
競技日程		
予選7/27AM　準決勝7/27PM　決勝7/28PM		
DATA		
世界記録	エフゲニア・チクノワ（ロシア／2023年）	2:17.55
日本記録	金藤理絵（2016年）	2:19.65
2021年東京五輪メダリスト		
金	タチアナ・スクンマーカー（南アフリカ）	2:18.95
銀	リリー・キング（アメリカ）	2:19.92
銅	アニー・レイザー（アメリカ）	2:20.84
2022年世界水泳メダリスト		
金	リリー・キング（アメリカ）	2:22.41
銀	ジェナ・ストラウチ（オーストラリア）	2:23.04
銅	ケイト・ダグラス（アメリカ）	2:23.20

女子100m平泳ぎ		
競技日程		
予選7/24AM　準決勝7/24PM　決勝7/25PM		
DATA		
世界記録	リリー・キング（アメリカ／2017年）	1:04.13
日本記録	青木玲緒樹（2022年）	1:05.19
2021年東京五輪メダリスト		
金	リディア・ジャコビー（アメリカ）	1:04.95
銀	タチアナ・スクンマーカー（南アフリカ）	1:05.22
銅	リリー・キング（アメリカ）	1:05.54
2022年世界水泳メダリスト		
金	ベネデッタ・ピラト（イタリア）	1:05.93
銀	アナ・エレント（ドイツ）	1:05.98
銅	ルタ・メイルティテ（リトアニア）	1:06.02

女子50m平泳ぎ		
競技日程		
予選7/29AM　準決勝7/29PM　決勝7/30PM		
DATA		
世界記録	ベネデッタ・ピラト（イタリア／2021年）	29.30
日本記録	青木玲緒樹（2022年）	30.27
2021年東京五輪メダリスト		
実施なし		
2022年世界水泳メダリスト		
金	ルタ・メイルティテ（リトアニア）	29.70
銀	ベネデッタ・ピラト（イタリア）	29.80
銅	ララ・バン ニーキルク（南アフリカ）	29.90

女子バタフライ

池江が得意種目で6年ぶりの再挑戦

池江璃花子が6年ぶりに世界水泳の舞台に戻ってきた。今年4月の日本選手権では、最も重視してきた50mのみならず、100mでも白血病からの復帰後最速タイムで優勝し、個人種目の代表権を獲得。国際大会では5年ぶりに〝1バタ〟の舞台に立つ。また、相馬あいも100m予選で5年ぶりに自己ベストを更新するなど、地道な努力を結果に結びつけ、日本選手権決勝でも池江と互角の勝負を展開した。ともに決勝進出は射程圏内、世界の表彰台にどこまで迫れるか、期待がかかる。

200mは世界水泳で複数種目制覇を狙うサマー・マッキントッシュ（カナダ）とリーガン・スミス（アメリカ）、東京五輪金メダルの張雨霏（チョウ ウヒ／中国）らが金メダル争いの中心に。日本勢では日本選手権初優勝の三井愛梨、2大会ぶりの世界水泳出場の牧野紘子も好調なだけに、決勝に駒を進めて世界トップクラスに挑みたい。

日本代表

池江璃花子

相馬あい

三井愛梨

牧野紘子

注目選手》 日本 三井愛梨

19歳で世界に初挑戦

女子200mバタフライの大器だ。大学1年生の三井愛梨は豊富な練習量で培った自信を胸に今年の日本選手権では自己ベストを更新して初優勝。昨年、世界水泳代表入りを逃した悔しさを晴らした。それでも「世界には年下でもっと速い選手がいる」とさらに上を見る。持ち味は後半100mだが、課題の前半100mにさらに磨きをかけ、この種目では日本勢4大会ぶりとなるメダル獲得のチャンスを見いだしたい。

注目ポイント》 池江璃花子&ショーストロム

国を越えた2人の絆

世界水泳で10個の金メダルを獲得してきたサラ・ショーストロム（スウェーデン）と池江璃花子は、互いが困難な時に励まし合い絆を深めてきた。池江が闘病中だった2019年、ショーストロムは世界水泳の表彰台から仲間とともに激励メッセージを池江に送り、池江は東京五輪7カ月前に右肘を骨折したショーストロムを励ましてきた。互いに笑顔で健闘を称え合う姿を期待したい。

写真：報知新聞／アフロ

女子200mバタフライ

競技日程		
予選7/26AM　準決勝7/26PM　決勝7/27PM		
DATA		
世界記録	劉子歌(リュウ シカ)（中国／2009年）	2:01.81
日本記録	星奈津美（2012年）	2:04.69
2021年東京五輪メダリスト		
金	張雨霏(チョウ ウヒ)（中国）	2:03.86
銀	リーガン・スミス（アメリカ）	2:05.30
銅	ハリ・フリッキンガー（アメリカ）	2:05.65
2022年世界水泳メダリスト		
金	サマー・マッキントッシュ（カナダ）	2:05.20
銀	ハリ・フリッキンガー（アメリカ）	2:06.08
銅	張雨霏(チョウ ウヒ)（中国）	2:06.32

女子100mバタフライ

競技日程		
予選7/23AM　準決勝7/23PM　決勝7/24PM		
DATA		
世界記録	サラ・ショーストロム（スウェーデン／2016年）	55.48
日本記録	池江璃花子（2018年）	56.08
2021年東京五輪メダリスト		
金	マーガレット・マクニール（カナダ）	55.59
銀	張雨霏(チョウ ウヒ)（中国）	55.64
銅	エマ・マキーオン（オーストラリア）	55.72
2022年世界水泳メダリスト		
金	トーリー・ハスク（アメリカ）	55.64
銀	マリー・ワテル（フランス）	56.14
銅	張雨霏(チョウ ウヒ)（中国）	56.41

女子50mバタフライ

競技日程		
予選7/28AM　準決勝7/28PM　決勝7/29PM		
DATA		
世界記録	サラ・ショーストロム（スウェーデン／2014年）	24.43
日本記録	池江璃花子（2018年）	25.11
2021年東京五輪メダリスト		
実施なし		
2022年世界水泳メダリスト		
金	サラ・ショーストロム（スウェーデン）	24.95
銀	メラニ・エニック（フランス）	25.31
銅	張雨霏(チョウ ウヒ)（中国）	25.32

女子個人メドレー

16歳の〝シン〟世界女王に日本勢が挑む！

女子個人メドレーは、16歳のサマー・マッキントッシュ（カナダ）が盤石の強さを誇る。今年3月に世界記録を樹立した400mでは、彼女が連覇を果たす可能性が高いため、注目はさらなる世界記録更新となる。

日本勢では4月の日本選手権で個人メドレー2冠と新女王に輝いた高校生、成田実生に期待がかかる。昨年は世界水泳代表入りを惜しくも逃したが、ジュニア世代の国際大会では頂点に立ってきた。そうした悔しさや経験を糧に「自信を持って臨みたい」と初の世界水泳を心待ちにする。

また、成田に日本選手権で敗れたものの、今年は200mに絞った東京五輪2冠の大橋悠依、東京五輪代表で昨年の世界水泳400m8位の谷川亜華葉は、4月の段階では課題の多さを口にしていたが、世界大会の経験は武器。しっかり調整して本番を迎えれば、表彰台の見える位置で戦う力はある。

注目選手》 日本 成田実生

同い歳の世界女王を追いかけて

2006年8月生まれのサマー・マッキントッシュは世界記録を樹立し、同じ年の12月に生まれた成田実生は今年初めて日本選手権2冠を達成したばかり。2人の距離に隔たりはあるが、ともに成長中。成田にとっては同じ種目に同い歳の世界記録保持者がいることは、大きな動機づけになっている。「やっと同じ舞台に立つことができた。まだまだですけど、少しでも近づけるようにしたいと思います」。福岡ではまずは自己ベスト更新を目指す。

「個人メドレー2種目で代表に入ること」を目標にしてきた成田。4月の日本選手権では課題の前半に硬さがあったが、後半で持ち味の伸びのある泳ぎを見せ、見事2冠を達成した。

日本代表

成田実生

大橋悠依

谷川亜華葉

女子400m個人メドレー		
競技日程		
予選7/30AM　決勝7/30PM		
DATA		
世界記録	サマー・マッキントッシュ（カナダ／2023年）	4:25.87
日本記録	大橋悠依（2018年）	4:30.82
2021年東京五輪メダリスト		
金	大橋悠依（日本）	4:32.08
銀	エマ・ワイヤント（アメリカ）	4:32.76
銅	ハリ・フリッキンガー（アメリカ）	4:34.90
2022年世界水泳メダリスト		
金	サマー・マッキントッシュ（カナダ）	4:32.04
銀	ケイティー・グライムズ（アメリカ）	4:32.67
銅	エマ・ワイヤント（アメリカ）	4:36.00

女子200m個人メドレー		
競技日程		
予選7/23AM　準決勝7/23PM　決勝7/24PM		
DATA		
世界記録	カティンカ・ホッスー（ハンガリー／2015年）	2:06.12
日本記録	大橋悠依（2017年）	2:07.91
2021年東京五輪メダリスト		
金	大橋悠依（日本）	2:08.52
銀	アレックス・ウォルシュ（アメリカ）	2:08.65
銅	ケイト・ダグラス（アメリカ）	2:09.04
2022年世界水泳メダリスト		
金	アレックス・ウォルシュ（アメリカ）	2:07.13
銀	カイリー・マキュオン（オーストラリア）	2:08.57
銅	リア・ヘイズ（アメリカ）	2:08.91

リレー

熾烈《しれつ》な米豪対決
男子の注目はイタリア

リレー種目は、男子3種目、女子3種目、そして2015年大会に新設された男女混合2種目の計8種目が行われる。過去10年の戦績を総合的に見ると、アメリカが男女ともに圧倒的で、女子フリーリレーの強さが目立つオーストラリアが対抗。さらにイギリス、フランスなどの欧州勢も金メダルの実績がある。福岡ではどんな情勢となるのだろうか。

まずは男子。フリーリレー2種目では選手層の厚さが抜きん出ているアメリカが優勝候補筆頭だ。4×100mでは大会4連覇がかかる。対抗馬はオーストラリアと4×200m東京五輪王者のイギリス、そして台風の目としてイタリアと中国に注目したい。イタリアは昨年の世界水泳4×100mで銅メダル、メドレーリレーでも初の金メダルに輝いた。中国は今年の国内大会の結果から見て4×200mで5大会ぶり、メドレーリレーでは初のメダル獲得の力を秘めている。

日本は、過去4回メダルを獲得（銀1、

写真：ロイター／アフロ

写真：ロイター／アフロ

写真：AP／アフロ

写真：新華社／アフロ

2022年世界水泳ブダペストを制した世界の強豪国
左上：アメリカ（男子4×100mフリーリレー）　右上：イタリア（男子4×100mメドレーリレー）　左下：オーストラリア（女子4×100mフリーリレー）　右下：アメリカ（女子4×100mメドレーリレー）

男子4×100mメドレーリレー

競技日程		
予選7/30AM　決勝7/30PM		
DATA		
世界記録	アメリカ（2021年）	3:26.78
日本記録	入江陵介　武良竜也　水沼尚樹　中村克（2021年）	3:29.91
2021年東京五輪メダリスト		
金	アメリカ	3:26.78
銀	イギリス	3:27.51
銅	イタリア	3:29.17
2022年世界水泳メダリスト		
金	イタリア	3:27.51
銀	アメリカ	3:27.79
銅	イギリス	3:31.31

男子4×200mフリーリレー

競技日程		
予選7/28AM　決勝7/28PM		
DATA		
世界記録	アメリカ（2009年）	6:58.55
日本記録	内田翔　奥村幸大　日原将吾　松田丈志（2009年）	7:02.26
2021年東京五輪メダリスト		
金	イギリス	6:58.58
銀	ROC	7:01.81
銅	オーストラリア	7:01.84
2022年世界水泳メダリスト		
金	アメリカ	7:00.24
銀	オーストラリア	7:03.50
銅	イギリス	7:04.00

男子4×100mフリーリレー

競技日程		
予選7/23AM　決勝7/23PM		
DATA		
世界記録	アメリカ（2008年）	3:08.24
日本記録	中村克　塩浦慎理　松元克央　溝畑樹蘭（2018年）	3:12.54
2021年東京五輪メダリスト		
金	アメリカ	3:08.97
銀	イタリア	3:10.11
銅	オーストラリア	3:10.22
2022年世界水泳メダリスト		
金	アメリカ	3:09.34
銀	オーストラリア	3:10.80
銅	イタリア	3:10.95

銅3）しているメドレーリレーに期待。2013年以来の表彰台を狙える布陣を組める戦力だ。フリーリレーでは3大会ぶりの決勝進出を目指す。

女子はオーストラリアが4×100mフリーリレー、アメリカがメドレーリレーで連覇中だが、全種目で激しい覇権争いが展開されるだろう。この2強にカナダを加えた3カ国が過去2大会で3種目の表彰台を独占してきたが、スウェーデン、中国あたりがどれくらい迫れるかも見どころとなる。日本は2大会ぶりにリレー3種目での決勝進出を目指す。

男女混合の2種目もアメリカ、オーストラリアが優勢。日本は昨年の世界水泳で初の決勝進出（7位）を果たしたメドレーリレーで、一つでも上の順位を狙いたい。

混合4×100mメドレーリレー

競技日程		
予選7/26AM　決勝7/26PM		
DATA		
世界記録	イギリス（2021年）	3:37.58
日本記録	入江陵介　小関也朱篤　池江璃花子　青木智美（2018年）	3:40.98
2021年東京五輪メダリスト		
金	イギリス	3:37.58
銀	中国	3:38.86
銅	オーストラリア	3:38.95
2022年世界水泳メダリスト		
金	アメリカ	3:38.79
銀	オーストラリア	3:41.34
銅	オランダ	3:41.54

混合4×100mフリーリレー

競技日程		
予選7/29AM　決勝7/29PM		
DATA		
世界記録	オーストラリア（2022年）	3:19.38
日本記録	中村克　松元克央　大本里佳　佐藤綾（2019年）	3:24.67
2021年東京五輪メダリスト		
	実施なし	
2022年世界水泳メダリスト		
金	オーストラリア	3:19.38
銀	カナダ	3:20.61
銅	アメリカ	3:21.09

ルールガイド》混合リレー

男女混合、泳順は自由

男女混合のフリーリレーとメドレーリレー（ともに4×100m）は、1チーム男女各2名、計4名で編成されるが、性別含めて泳ぐ順番に制約はない。それゆえ、大差が僅差に、僅差が大差になったりといろんなレース展開が見られる。特にメドレーリレーは背泳ぎ、平泳ぎ、バタフライ、自由形の種目順は変わらないため、泳者の配置がレースに激動をもたらす要素に。その点も意識しながら観戦すると、面白さを感じることができる。

写真：アフロ

女子4×100mメドレーリレー

競技日程		
予選7/30AM　決勝7/30PM		
DATA		
世界記録	アメリカ（2019年）	3:50.40
日本記録	酒井夏海　鈴木聡美　池江璃花子　青木智美（2018年）	3:54.73
2021年東京五輪メダリスト		
金	オーストラリア	3:51.60
銀	アメリカ	3:51.73
銅	カナダ	3:52.60
2022年世界水泳メダリスト		
金	アメリカ	3:53.78
銀	オーストラリア	3:54.25
銅	カナダ	3:55.01

女子4×200mフリーリレー

競技日程		
予選7/27AM　決勝7/27PM		
DATA		
世界記録	オーストラリア（2022年）	7:39.29
日本記録	五十嵐千尋　池江璃花子　白井璃緒　大橋悠依（2018年）	7:48.96
2021年東京五輪メダリスト		
金	中国	7:40.33
銀	アメリカ	7:40.73
銅	オーストラリア	7:41.29
2022年世界水泳メダリスト		
金	アメリカ	7:41.45
銀	オーストラリア	7:43.86
銅	カナダ	7:44.76

女子4×100mフリーリレー

競技日程		
予選7/23AM　決勝7/23PM		
DATA		
世界記録	オーストラリア（2021年）	3:29.69
日本記録	大本里佳　青木智美　佐藤綾　白井璃緒（2019年）	3:36.17
2021年東京五輪メダリスト		
金	オーストラリア	3:29.69
銀	カナダ	3:32.78
銅	アメリカ	3:32.81
2022年世界水泳メダリスト		
金	オーストラリア	3:30.95
銀	カナダ	3:32.15
銅	アメリカ	3:32.58

若手も加入した新チームで出場全種目でのメダル獲得へ

今年に入って大幅なルール改正が行われたアーティスティックスイミング（以下AS）。男子ソロのテクニカルとフリーの2種目が加わったことと、アクロバティックルーティンという多彩なアクロバティック（リフト）を盛り込む種目が追加されたことが種目における変更点だ。採点方法では、100点満点制が撤廃され、加点方式で採点されるエレメント得点と、アーティスティックインプレッションの2つの合計得点で争われることになった。また、演技要素をすべて事前に申請し、その通りの難易度の技、順番を守る必要がある。申請した通りに演技を行わなければ大幅減点となるこのルール下では、技一つひとつを美しく行うことはもちろんだが、今まで以上に確実に演技をこなすことが勝負の分かれ目となる。

4人が新加入した日本代表チームは、7つのメダルを獲得した前回大会を上回る結果を目指す。乾友紀子は今年5月に行われたワールドカップフランス大会で、2位以下に大きく差をつけてソロ2冠を達成。今大会での2大会連続2冠が大きく近づいた。佐藤友花・佐藤陽太郎で挑むミックスデュエットもワールドカップで上々の評価を得ており、前回大会で獲

アーティスティックスイミング

注目選手》 日本 **乾友紀子**（ソロ）

福岡で金色に輝く演技を見せたい

2大会連続2冠を狙う乾のソロテクニカルのテーマは、たった一滴の水が川から広大な海へと広がっていくことをイメージした「水のゆくえ」。フリーは前回大会と同じ、たたみ込むような展開の速さが魅力の「大蛇《おろち》」がテーマ。どちらも高難度の技を中心に構成しており、特に得意とするスピンの回数は今までで一番多いという。「テクニカルは流れるような演技、フリーは絶え間なく激しく動く様を見てもらいたいと思います」（乾）

ミックスデュエット テクニカルルーティン
競技日程
予選7/15　14:00～　決勝7/16　16:30～
2022年世界水泳メダリスト
金 イタリア
銀 日本
銅 中国

女子デュエット テクニカルルーティン
競技日程
予選7/14　15:00～　決勝7/16　19:30～
2022年世界水泳メダリスト
金 中国
銀 ウクライナ
銅 オーストリア

女子ソロ テクニカルルーティン
競技日程
予選7/14　9:00～　決勝7/15　19:30～
2022年世界水泳メダリスト
金 乾友紀子（日本）
銀 マルタ・フィディナ（ウクライナ）
銅 エバンゲリア・プラタニオティ（ギリシャ）

ミックスデュエット フリールーティン
競技日程
予選7/21　10:00～　決勝7/22　10:00～
2022年世界水泳メダリスト
金 イタリア
銀 日本
銅 中国

女子デュエット フリールーティン
競技日程
予選7/18　9:00～　決勝7/20　19:30～
2022年世界水泳メダリスト
金 中国
銀 ウクライナ
銅 オーストリア

女子ソロ フリールーティン
競技日程
予選7/17　9:00～　決勝7/19　19:30～
2022年世界水泳メダリスト
金 乾友紀子（日本）
銀 マルタ・フィディナ（ウクライナ）
銅 エバンゲリア・プラタニオティ（ギリシャ）

得した2つの銀メダル超えを目指す。

デュエットとチームは中国とウクライナが変わらぬ強さを見せている。その中で、安永真白と比嘉もえのデュエットも5月の大会で2つの銀メダルを獲得。世界水泳でのメダル奪還は目の前だ。チームは、今年から男子も2人まで参戦できるようになった。男子が入ることでアクロバティックのダイナミックさが増す効果は大きいため、日本は、佐藤陽太郎が出場する予定でトレーニングを積んでおり、本番での起用の可能性は高い。新種目のアクロバティックルーティンも含め、3つのチーム種目でもメダル獲得を狙う。

注目選手》 日本
安永真白・比嘉もえ
（デュエット）

24歳と15歳の新ペア 美しい脚技でメダルへ

2015年から国際経験を積んできた安永に、期待の若手、比嘉のペアで挑むデュエットは、針のような鋭い美しさのある脚を活かした脚技で世界に挑む。フリーは俊敏さを表現した「黒豹」がテーマ。テクニカルは「ミステリアス」をテーマに、今までにない日本を見せる。「デュエットはずっとやりたかったので、とてもうれしい気持ちでいっぱいです」（安永）。「去年よりも良い成績を残せるように安永選手と頑張ります」（比嘉）

練習中、映像で演技を確認する安永（右）と比嘉（左）。

ルールガイド》 **チーム種目に男子も出場可能に**

男子が加わり演技がよりパワフルに

今年ジェンダーフリーを掲げて改正されたのが、チーム3種目への男子選手２人までの参戦だ。特にアクロバティックルーティンに男子選手を入れてくる国は多いことが予想され、よりパワフルな演技になることは間違いない。日本も、前回大会のミックスデュエット銀メダリストの佐藤陽太郎が出場する予定だ。「僕が入ることでパワーがあるリフトが可能になると思うので、今からワクワクしています」（佐藤陽）

男子ソロ　テクニカルルーティン　新種目	
競技日程	
予選7/14　12:00〜	決勝7/17　14:00〜

男子ソロ　フリールーティン　新種目	
競技日程	
予選7/18　15:00〜	決勝7/19　16:30〜

アクロバティックルーティン　新種目	
競技日程	
予選7/15　10:00〜	決勝7/17　19:30〜

チーム フリールーティン	
競技日程	
予選7/20　10:00〜	決勝7/21　19:30〜
2022年世界水泳メダリスト	
金	中国
銀	ウクライナ
銅	日本

チーム テクニカルルーティン	
競技日程	
予選7/16　10:00〜	決勝7/18　19:30〜
2022年世界水泳メダリスト	
金	中国
銀	日本
銅	イタリア

飛込

ノースプラッシュを武器に強豪中国を打ち破れ

プラットフォームと呼ばれる10mの台、もしくは1m、3mのジュラルミン製の板をしならせて飛び、回転などの空中演技と入水する技術と美しさを競うのが飛込競技だ。種目は男女それぞれ1m、3mの飛板飛込と、10mの台から行う高飛込。3m飛板飛込と10m高飛込は男女とミックスのシンクロ競技、そして世界水泳だけの種目として、3m／10mチームイベントの全13種目が行われる。

見どころの一つは、入水だ。全く水しぶきが立たない「ボン」と低い音が鳴る入水はノースプラッシュと呼ばれるテクニックで、高得点となる。また、当然回転が見た目にも美しいフォームで行われているかどうかも採点のポイントである。

この種目は、中国が圧倒的な強さを誇る。2011年世界水泳では、全種目を中国が制した実績があるほど。今大会も男女ともに中国が中心の戦いが繰り広げられることだろう。今年5月のワールドカップカナダ大会では、その中国に追い

注目選手》

日本

玉井陸斗、三上紗也可

高難度の技でメダル獲得を狙う

今大会でメダル獲得の可能性が高いのは、男子10m高飛込の玉井と女子3m飛板飛込の三上だ。三上は前回大会で4ラウンド目まで2位に位置していたが、最後の種目でミスをしてしまい7位に転落。回転の美しさ、入水のテクニック、技の難度すべてで世界に引けを取らないだけに、今大会ではぜひともリベンジを果たしてもらいたい。玉井は前回大会の銀メダリスト。今大会は絶対王者中国を倒し、金色に輝くメダルを手にできるかに注目しよう。

今年4月の翼ジャパンダイビングカップで優勝した玉井（左）と三上（右）。

ルールガイド》

1回の演技ごとに順位が変動

終始気が抜けない勝負が見どころ

男子は6回、女子は5回飛んだ演技の合計点で競う。各回で飛び方、回転の仕方がすべて異なる演技をしなければならず（男子3m飛板飛込を除く）、不得意な技があっても必ず飛ばなければならない。1つのミスが順位を大きく下げてしまい、反対に最高の演技をすれば、一気に上位にジャンプアップできる。1回ごとに順位が激しく入れ替わり、最後まで気が抜けない勝負が繰り広げられるのがこの競技一番の見どころだ。

HIGHLIGHT GUIDE

つけ追い越せと、日本だけではなく、男子はイギリス、オーストラリアにドイツ、女子はカナダ、アメリカ、イギリスにイタリアが上位争いに加わってきた。

日本は10m高飛込の玉井陸斗が前回大会で中国の一角を崩して銀メダルを獲得し、それをステップに今大会ではさらに上の世界一を狙う。女子3m飛板飛込では、中国勢やカナダ、オーストラリアの強豪らと並ぶ高難度の技と成功率を誇る三上紗也可がメダル獲りに挑む。男子は3mシンクロ飛板飛込の荒木宥図《ゆうと》と須山晴貴がワールドカップカナダ大会で中国、イギリスに続く銅メダルを獲得。世界と肩を並べる難度の技が飛べる2人がようやく覚醒。今大会でもメダル獲得の期待が高まった。女子は前回大会4位の荒井祭里・板橋美波の10mシンクロ高飛込もぜひ注目したい種目だ。

女子3mシンクロ飛板飛込

競技日程

予選7/17　9:00～　決勝7/17　15:30～

2022年世界水泳メダリスト

金	中国
銀	日本
銅	オーストラリア

女子10mシンクロ高飛込

競技日程

予選7/16　10:00～　決勝7/16　18:00～

2022年世界水泳メダリスト

金	中国
銀	アメリカ
銅	マレーシア

ミックス3mシンクロ飛板飛込

競技日程

決勝7/22　15:30～

2022年世界水泳メダリスト

金	中国
銀	イタリア
銅	イギリス

ミックス10mシンクロ高飛込

競技日程

決勝7/15　12:30～

2022年世界水泳メダリスト

金	中国
銀	ウクライナ
銅	アメリカ

3m/10mチームイベント

競技日程

決勝7/18　18:00～

2022年世界水泳メダリスト

金	中国
銀	フランス
銅	イギリス

男子10mシンクロ高飛込

競技日程

予選7/17　12:30～　決勝7/17　18:00～

2022年世界水泳メダリスト

金	中国
銀	イギリス
銅	カナダ

女子1m飛板飛込

競技日程

予選7/14　10:00～　決勝7/15　15:30～

2022年世界水泳メダリスト

金	李亜傑(リ アケツ)(中国)
銀	サラ・ベーコン(アメリカ)
銅	ミア・ヴァリー(カナダ)

女子3m飛板飛込

競技日程

予選7/20　9:00～　準決勝7/20　14:30～
決勝7/21　18:00～

2022年世界水泳メダリスト

金	陳藝文(チン ゲイブン)(中国)
銀	ミア・ヴァリー(カナダ)
銅	昌雅妮(ショウ ガジ)(中国)

女子10m高飛込

競技日程

予選7/18　10:00～　準決勝7/18　14:30～
決勝7/19　18:00～

2022年世界水泳メダリスト

金	陳芋汐(チン ウセキ)(中国)
銀	全紅嬋(ゼン コウセン)(中国)
銅	パンデレラ・パム(マレーシア)

男子1m飛板飛込

競技日程

予選7/14　15:00～　決勝7/16　14:30～

2022年世界水泳メダリスト

金	王宗源(オウ ソウゲン)(中国)
銀	ジャック・ロー(イギリス)
銅	リー・シーシン(オーストラリア)

男子3m飛板飛込

競技日程

予選7/19　9:00～　準決勝7/19　15:30～
決勝7/20　18:00～

2022年世界水泳メダリスト

金	王宗源(オウ ソウゲン)(中国)
銀	曹縁(ソウ エン)(中国)
銅	ジャック・ロー(イギリス)

男子10m高飛込

競技日程

予選7/21　9:00～　準決勝7/21　15:30～
決勝7/22　18:30～

2022年世界水泳メダリスト

金	楊健(ヨウ ケン)(中国)
銀	玉井陸斗(日本)
銅	楊昊(ヨウ コウ)(中国)

男子3mシンクロ飛板飛込

競技日程

予選7/15　9:00～　決勝7/15　18:00～

2022年世界水泳メダリスト

金	中国
銀	イギリス
銅	ドイツ

水球

超攻撃的システムで男女ともにベスト8を狙う

プレー中は一度も床に足をつけず、巻き足と言われるテクニックで浮き続け、その状態でポジション争いからオフェンス、ディフェンスを約40分間もこなすという過酷な競技。そんな状況ながら、床からジャンプしているかのように体を水上に浮き上がらせてシュートを打つダイナミックさは見どころだ。

男子日本代表は、強力なカウンター攻撃を仕掛ける超攻撃的戦略、〝ジャパンシステム〟を武器に悲願のベスト8入りを狙う。女子はジャパンシステムの生みの親である大本洋嗣氏が監督に就任。機動力を重視した攻撃的な戦略で世界に挑む。

男女ともに目標達成のカギはポイントゲッターが仕事をすること。ベスト8入りを狙う男子は稲場悠介、渡邉太陽ら若手の思い切ったプレーに期待。予選リーグ突破が目標の女子にも浦映月、稲場朱里、工藤恭子と点取り屋は多い。ブロックを恐れず、まずはシュートを打つことが勝利への一歩となることだろう。

ルールガイド》

攻守が激しく入れ替わる40分間

水中のハンドボールと呼ばれる水球

1試合は4クオーターに区切られ、1クオーターは8分。ゴールキーパーを含めて7対7で争われ、キーパーは赤色の帽子を着用している。基本的にキーパー以外はボールを片手で操り、泳ぎながら進んでパスやシュートを行う。ボールを奪うためのタックルは認められており、迫力ある攻防が見どころだ。ファウルは2種類あり、軽い場合はその場からリスタートするが、重い場合はペナルティとして、一時的に1人少ない状態で戦うことになる。

ルールガイド》

男女ともに16カ国が出場

予選ラウンドと決勝ラウンドで争う

世界水泳では、16の出場国をA～Dの4つのグループに分け、予選ラウンドで総当たり戦を行う。そこで勝ち上がった各組3位までが、決勝ラウンドでメダルを争う。決勝ラウンド初戦は全組の2位と3位で行い、その次の準々決勝から1位の国が参戦する。日本男子はCグループに入り、東京五輪銅メダルのハンガリーなどと戦う。女子は東京五輪銅メダル、前回大会銀メダルのハンガリーと同じDグループに入った。

写真（上下共）：アフロ

女子	
予選グループ	
Aグループ	中国、フランス、アメリカ、オーストラリア
Bグループ	スペイン、イスラエル、オランダ、カザフスタン
Cグループ	アルゼンチン、ギリシャ、イタリア、南アフリカ
Dグループ	日本、カナダ、ニュージーランド、ハンガリー
競技日程	
予選ラウンド	7/16、18、20
決勝ラウンド	初戦 7/22　準々決勝 7/24　準決勝 7/26　決勝 7/28
2022年世界水泳メダリスト	
金	アメリカ
銀	ハンガリー
銅	オランダ

男子	
予選グループ	
Aグループ	アメリカ、オーストラリア、カザフスタン、ギリシャ
Bグループ	中国、フランス、カナダ、イタリア
Cグループ	日本、クロアチア、ハンガリー、アルゼンチン
Dグループ	南アフリカ、セルビア、モンテネグロ、スペイン
競技日程	
予選ラウンド	7/17、19、21
決勝ラウンド	初戦 7/23　準々決勝 7/25　準決勝 7/27　決勝 7/29
2022年世界水泳メダリスト	
金	スペイン
銀	イタリア
銅	ギリシャ

オープンウォータースイミング

写真：アフロ

競技日程
男子5km:7/18 10:00〜、男子10km:7/16 8:00〜
女子5km:7/18　8:00〜、女子10km:7/15 8:00〜
チームリレー6km:7/20 8:00〜

中盤のポジショニングと
ラストスパートが見どころ

水中のマラソンと呼ばれる、オープンウォータースイミング。海や川、湖といった自然環境で行われるため、純粋な泳力だけではなく、波や潮の満ち引き、天候までを分析、味方につけられるかどうかが勝負のカギを握る。種目は個人が5km、10kmの2つで、リレーは6kmがある。

抜きつ抜かれつの攻防、体力を温存するためのポジショニング争い、そして残り3kmを切ってからのスパート合戦は見応えあり。男女ともに競泳の長距離選手も参戦しており、ヨーロッパ勢を中心に中国、アメリカ、オーストラリアが強豪国だ。世代交代をして一気に若手中心となった日本代表には、物おじせず思い切ったレースを見せてもらいたい。

ハイダイビング

高所から飛ぶダイナミックさと
繊細な入水技術が見どころ

崖などから飛び込むクリフダイビングというエクストリームスポーツが発祥で、2013年から正式競技となった、世界水泳だけで行われるハイダイビング。男子はビルの10階相当の27 m、女子はビルの7階相当の20 mから飛び込む。安全面を考慮し、1日に飛ぶ本数は2ラウンドだけ。入水は脚から行う。

見どころは、何と言ってもその高さ。信じられない高さからクルクルと回転し、捻りながら落下したと思ったら、脚から水しぶきを上げずに入水するダイナミックさは見応え十分。その緊迫感は従来の飛込競技をはるかに超える。人間の限界にチャレンジするハイダイバーたちの、エキサイティングな世界をぜひとも味わってもらいたい。

競技日程
男子1-2ラウンド:7/25 14:00〜
男子3-4ラウンド:7/27 12:00〜
女子1-2ラウンド:7/25 11:30〜
女子3-4ラウンド:7/26 12:00〜

写真：AP/アフロ

萩野公介の水泳オタクになろう!

世界のウルトラスイマー大解剖

自他ともに「水泳オタク」と認める、リオデジャネイロ五輪金メダリスト萩野公介さんが、世界のトップスイマーをマニアックに解説。22年ぶりに福岡に集結する世界のウルトラスイマーの強さの理由を知って、世界水泳をより一層楽しもう!

取材：矢内由美子

テレビ朝日スポーツ公式YouTubeチャンネルでは、萩野公介さんの解説動画を続々とアップ。熱く分かりやすい解説を映像でもチェック!

MENU

- ルーマニア David Popovici ダビド・ポポビッチ
- カナダ Summer McIntosh サマー・マッキントッシュ
- フランス Léon Marchand レオン・マルシャン
- オーストラリア Ariarne Titmus アリアン・ティットマス
- ハンガリー Kristóf Milák クリストフ・ミラーク
- イタリア Thomas Ceccon トマス・チェッコン
- イタリア Gregorio Paltrinieri グレゴリオ・パルトリニエリ
- アメリカ Bobby Finke ボビー・フィンク

ルーマニアが生んだ18歳の〝革命児〟100mと200mの自由形2冠候補

写真：ロイター／アフロ

ルーマニア　ダビド・ポポビッチ　自由形

2004年9月15日生まれ（18歳）／190cm・80kg

ウルトラポイント 1　泡を立てないキャッチ

入水の瞬間に泡がまったく立たず、柔らかなキャッチをすることができる。競泳は加速と減速の繰り返しだが、ポポビッチの場合は加速している局面でも抵抗が極めて少ないのが特徴だ。筋トレや陸トレでパワーをつけてスピードを磨くという昨今のトレンドを打ち破り、水中での練習を重視している。

写真：ロイター／アフロ

ウルトラポイント 2　泳ぎ方は中距離タイプ

スプリンタータイプのスイマーに多く見られるハイエルボー※1で腕の回転速度を上げていく泳ぎではなく、ローリング※2しながら体重移動し、１回１回のストロークをしっかりかいている。泳ぎ方は短距離型というより中距離タイプ。100mのレースでも200m寄りのスタイルで泳いでいることが見て取れる。

僕が思うポポビッチ選手のもう一つの強みは、メンタル。あの若さにして世界の大舞台で自分のプラン通りに泳げるなんて！　精神面の落ち着きに脱帽！

筋肉マッチョ全盛時代の常識を覆した細身のテクニシャン。17歳のときに出場した昨年６月の世界水泳では、200ｍ自由形でポール・ビーダーマンが2009年に作った世界記録に迫るタイムで金メダルを獲得し、その２日後にあった100ｍ自由形も制した。50ｍと100ｍを制する選手はいるが、100ｍと200ｍを同時に制覇したのは1973年のジム・モンゴメリー以来49年ぶりの快挙だった。去年の欧州選手権で2009年から残る100m自由形の世界記録を更新。教科書に限りなく近いフォームの持ち主で、「10」の力できっちり「10」進む、効率の良さが武器。頭脳も明晰《めいせき》で、学校ではその博識ぶりから「リトル・グーグル」というニックネームがついている。

DATA　*David Popovici*

100m自由形　46.86
セザール・シエロフィーリョの2009年から残る世界記録（46.91）を13年ぶりに更新！

200m自由形 1:42.97
歴代1位ビーダーマン 1:42.00 世界記録
歴代2位フェルプス　1:42.96

主な戦績

2021 東京五輪（当時16歳）	**2022 欧州選手権**
200m自由形　4位	100m自由形 金 世界記録
100m自由形　7位	200m自由形 金
2022 世界水泳	
100m自由形 金	
200m自由形 金	

写真：新華社／アフロ

※１…肘を立てること。※２…体を軸にして回転させること。

伸び盛りの超マルチスイマー2つの世界記録を持つ16歳

写真：ロイター/アフロ

カナダ

サマー・マッキントッシュ

自由形
バタフライ
個人メドレー

2006年8月18日生まれ（16歳）／173cm・45kg

ウルトラポイント 1 高いポジションが武器

泳いでいるときのボディポジションが非常に高く、まるで一人だけ浮き舟に乗っているかのようだと言われるほど。体の上下動が少ないことや、ローリングが最小限であることも特徴で、キックも巧み。水を素早く完璧にとらえるキャッチは秀逸で、常に水と喧嘩《けんか》をせずに泳いでいる。

写真：ロイター/アフロ

ウルトラポイント 2 幼少期はフィギュアスケートも

子どもの頃から活発だったマッキントッシュ。幼少期にはフィギュアスケートを習っており、緊張の対処法や柔軟性をそこで身につけたと語っている。なお、2歳上の姉・ブルックさんはフィギュアスケート選手でペアのカナダ代表として活躍中。昨年のNHK杯3位、今年の世界選手権11位の実力者だ。

マッキントッシュ選手の最大の魅力は、可能性の際限が見えないこと。技術的にも、どこまで速くなるのか、周囲も本人も僕も限界が分からない！

驚異的なスタミナの持ち主だ。2種目で金メダルを獲得した昨年の世界水泳では、レース直後のインタビューでまったく息が上がっておらず、平然とした顔で質問に答える姿が見る者をあぜんとさせた。当然ながら、泳ぎそのものも抜群のスタミナがあることは一目瞭然。疲労でフォームが乱れたり小さくなったりしてしまいがちなレース終盤でもまったく泳ぎを崩さず、最後まで持ち前の大きなストロークで丁寧に泳ぎ切る。強いて挙げるとすれば平泳ぎがやや苦手と見られるが、ドルフィンキックをほとんど打てていないことも含めて弱点があるのはむしろ伸びしろ。自由形も強い。今春、400ｍ自由形と400ｍ個人メドレーで世界記録を樹立した。

DATA — Summer McIntosh

200m自由形	1:53.91 世界ジュニア記録	200mバタフライ	2:04.70 世界ジュニア記録
400m自由形	3:56.08 世界記録	200m個人メドレー	2:06.89 世界ジュニア記録
800m自由形	8:20.19	400m個人メドレー	4:25.87 世界記録

主な戦績

2021 東京五輪（当時14歳）	2022 世界水泳
200m自由形 9位	400m自由形 (銀)
400m自由形 4位	200mバタフライ (金)
800m自由形 11位	400m個人メドレー (金)
4×200mフリーリレー 4位	4×200mフリーリレー (銅)

フランスが誇る 21歳の〝新怪物〟 〝怪物〟フェルプス超えへ

写真：ロイター/アフロ

フランス　レオン・マルシャン

個人メドレー
バタフライ

2002年5月17日生まれ（21歳）／183cm・74kg

ウルトラポイント 1　強さの裏にある教養

ボウマン氏と言えばかつてフェルプスを指導していた時代から、歴史上の偉人たちの名言や金言を毎日の練習メニューの横に書き、選手の心も育ててきたことで有名。日々のハードなメニューに汗を流す傍らで、教養や哲学的思考を身につけることは、マルシャンの精神面を強くさせることにつながってきたはずだ。

写真：アフロ

ウルトラポイント 2　驚異の潜水キック

強さの最大の秘密は潜水キックだ。潜水は水の抵抗が少ないというメリットがあるものの、乳酸がたまって最後に失速するリスクが大きい。普通の選手は400m個人メドレーで350mのターン後に15m潜ることはできない。質の高い豊富な練習をしているマルシャンだからこそ可能な、異次元の芸当だ。

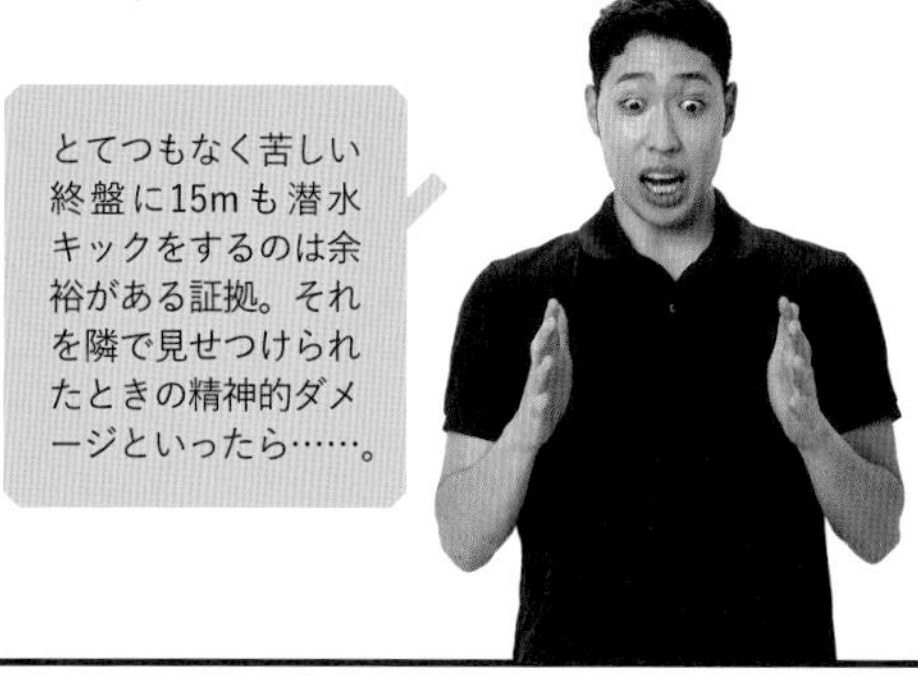
とてつもなく苦しい終盤に15mも潜水キックをするのは余裕がある証拠。それを隣で見せつけられたときの精神的ダメージといったら……。

父は1998年世界水泳銀メダリスト、母は1992年バルセロナ五輪代表という水泳一家に生まれ育った。2021年秋からアメリカのアリゾナ州立大学に留学し、マイケル・フェルプスを育てた名伯楽のボブ・ボウマン氏に師事。昨年の世界水泳では400m個人メドレーで“怪物”フェルプスが持つ4分3秒84の世界記録に0秒44差まで迫り、200m個人メドレーとの2冠を達成した。バタフライが得意でありながらも前半を抑えて入るレース運びは、ボウマン氏がフェルプスに授けてきた作戦と同じ。現在はボウマン氏の下に集うチェイス・カリシュやジェイ・リザーランドといった世界水泳のメダリストたちと切磋琢磨《せっさたくま》しながらフェルプス超えを目指している。

— DATA — Léon Marchand —

400m個人メドレー　4:04.28
フェルプスの世界記録まで0.44秒！

200m個人メドレー　1:55.22

200mバタフライ　1:53.37

200m平泳ぎ　2:08.76

主な戦績
2021 東京五輪
400m個人メドレー 6位
2022 世界水泳
200m個人メドレー (金)
400m個人メドレー (金)
200mバタフライ (銀)

写真：アフロ

写真:アフロ

終盤勝負の”ターミネーター”

オーストラリア

アリアン・ティットマス

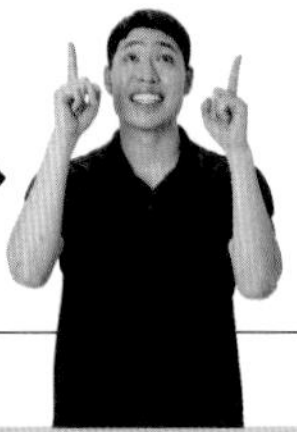

自由形

2000年9月7日生まれ(22歳)/177cm・63kg

ラストスパートでライバルを抜き去って勝つ。20歳で出場した東京五輪で2冠を勝ち取ったティットマスは、終盤に見せる底知れないの強さから“ターミネーター”の異名を持つ22歳。女子の中長距離界は長らくケイティ・レデッキー（アメリカ）が“一強時代”を築き上げていたが、その牙城を崩したばかりでなく、昨年にはレデッキーが9年間にわたって保持していた400m自由形の世界記録を塗り替えた（※今春にマッキントッシュが更新）。武器は人一倍高い心肺機能。一直線にかくストロークで「バケツ1杯分」と称される大量の水をキャッチする能力も並外れている。

DATA — *Ariarne Titmus*

200m自由形
1:53.09
フェデリカ・ペレグリーニの世界記録まで0.11秒!

400m自由形
3:56.40
前世界記録

800m自由形
8:13.59

主な戦績
2019 世界水泳
400m自由形 金
2021 東京五輪
200m自由形 金
400m自由形 金
800m自由形 銀
4×200mフリーリレー 銅

ウルトラポイント **驚異の「4回に1回呼吸」**

注目したいのは呼吸の回数。中長距離で体力的にきつくなるレース終盤は「2回に1回の呼吸」になる選手が多いなか、ティットマスは200mでは最後まで「4回に1回の呼吸」を維持し、400mでは「2回に1回」と「4回に1回」を交互に入れている。ターン後の浮き上がりですぐに呼吸をしないことも驚異的だ。

理想のストロークを維持するために、苦しいレース終盤でも呼吸の回数を意図的に制限しているというのがすごい！ まさに普段のハードな練習のたまものです。

ハンガリー

クリストフ・ミラーク

バタフライ

2000年2月20日生まれ(23歳)/190cm・83kg

昨年の世界水泳200mバタフライで、1分50秒34の異次元な世界記録を樹立して金メダルを獲得した。身長より10センチ以上長い腕や、ヒレがついているかのように大きな足の持ち主であるという特徴もさることながら、ひときわ目を引くのは抜群の柔軟性だ。背骨をうねらせて体全体を使う動きは大鷲のよう。そして、背骨のうねりに合わせて前へ乗っていく動きはまるでイルカのよう。この泳ぎを可能にするのは、背骨の1個1個はもちろん、肩関節周りや肩甲骨周りの柔軟性があるからこそと言え、さらなる世界記録更新にも期待が集まる。

DATA — *Kristóf Milák*

100mバタフライ
49.68
世界記録まで0.23秒!

200mバタフライ
1:50.34
世界記録

主な戦績
2019 世界水泳
200mバタフライ 金 当時世界記録
2021 東京五輪
100mバタフライ 銀
200mバタフライ 金
2022世界水泳
100mバタフライ 金
200mバタフライ 金 世界記録

ウルトラポイント **独特な第2キック**

バタフライでは1回の呼吸の間にキックを2回打つのが普通で、その間隔は均等だが、ミラークのキックは等間隔ではない。第2キックが若干遅れて、“裏打ち”のリズムで入るのが特徴だ。これは意識して遅らせているのではなく、背骨中心の動きをしているからこそ。イルカのように絶妙な体のうねりが入る理由だ。

キックに象徴されるように、ミラーク選手の泳ぎは“教科書”とは違いますが、唯一無二の泳ぎで時代をリードしています！ 自分に合った新たな泳ぎを見つけたことも素晴らしい！

イルカ泳法で異次元の世界記録

写真:アフロ

写真:アフロ

台頭著しい イタリアの象徴的存在

昨年の世界水泳で金メダル5つを含む9つのメダルを獲得し、国別メダル数でアメリカ、オーストラリアに次ぐ3位と大躍進を遂げたイタリアのエース。100 m背泳ぎでは51秒60の世界記録をマークして金メダルに輝き、第一泳者として泳いだ400 mメドレーリレーではイタリアにリレー種目初の金メダルをもたらす原動力となった。前世界記録保持者のライアン・マーフィーが体を大きくローリングさせて遠くの水をキャッチするのに対し、チェッコンのローリングは最小限。1本の棒のようにまっすぐなストロークで水を瞬時にしっかりと捕まえている。

イタリア

トマス・チェッコン

背泳ぎ　バタフライ　自由形

2001年1月27日生まれ（22歳）／197cm・89kg

ウルトラポイント **ブレない体幹は圧巻**

身長197cm、体重89kgと見た目は細身ながら体幹が非常に強く、泳いでいて軸がまったくブレない。ハイスピードの流水プールでのトレーニングでも頭の位置がほとんど動かない様子は圧巻だ。キックを細かく打つことや、最後までストロークの長さを保ち、タッチを合わせる技術も高い。

“ザ・モデル体形”でイケメン。背泳ぎだけでなく、100m自由形や50mバタフライも強いので、毎日のようにチェッコン選手の名前を聞くことになるでしょう。楽しみです！

DATA — *Thomas Ceccon*

100m背泳ぎ
51.60
世界記録

50m背泳ぎ
24.40

100m自由形
47.71

主な戦績
2022 世界水泳
100m背泳ぎ 金 世界記録
50m背泳ぎ 4位
50mバタフライ 5位
4×100mフリーリレー 銅
4×100mメドレーリレー 金

写真:アフロ

前回大会王者

×

写真:ロイター/アフロ

東京五輪王者

イタリア

グレゴリオ・パルトリニエリ

1994年9月5日生まれ（28歳）／191cm・82kg

世界水泳で最初に金メダルを獲得したのは2015年。それから8年近くにわたって自由形長距離界の中心にいる。持久力のある選手が揃うなかでも際立って高い心肺機能を持ち、キックをあまり使わずほぼ腕だけでグイグイと進んでいく。前半から積極的なレース運びをすることが多い。前回大会1500m自由形金メダル。

アメリカ

ボビー・フィンク

1999年11月6日生まれ（23歳）／185cm・78kg

東京五輪では欧州勢が牙城を築いていた1500mでアメリカに37年ぶりの金メダルをもたらし、800mと合わせて自由形2冠に輝いた。最大の武器は異次元のギアチェンジ。最後の鐘が鳴ってからの怒濤《どとう》のスパートは必見もので、東京五輪ではラスト50mが25秒78という驚異的なラップタイムだった。

「超前半型」と「超後半型」による究極の駆け引き　自由形長距離

1500m自由形は競泳で最も距離が長い種目。約15分間にわたって選手たちがそれぞれの特色を出しながら駆け引きをするため、最後の最後まで誰が勝つか分からず、さまざまなドラマが生まれる。リオ五輪金メダリストで、前半から大逃げに出ることもできる「超前半型」のパルトリニエリと、東京五輪金メダリストで「超ラストスパート型」のフィンクの対決に注目が集まる。決勝で隣り合うコースになることを避けるため、予選をどの程度のタイムで泳ぐかも含め、戦略に満ちあふれたレースを見られそう。ラストのターンで体一つ離れている程度なら最後まで結果は読めない。

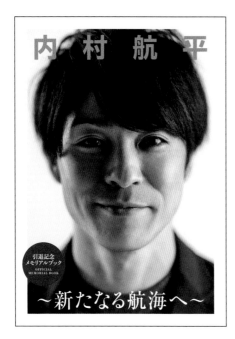

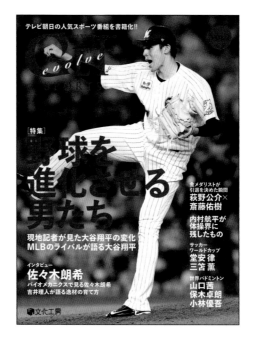

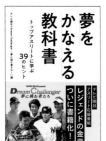

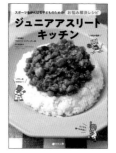

SWIMMING / ARTISTIC SWIMMING / DIVING / OPEN WATER SWIMMING / WATER POLO / HIGH DIVING

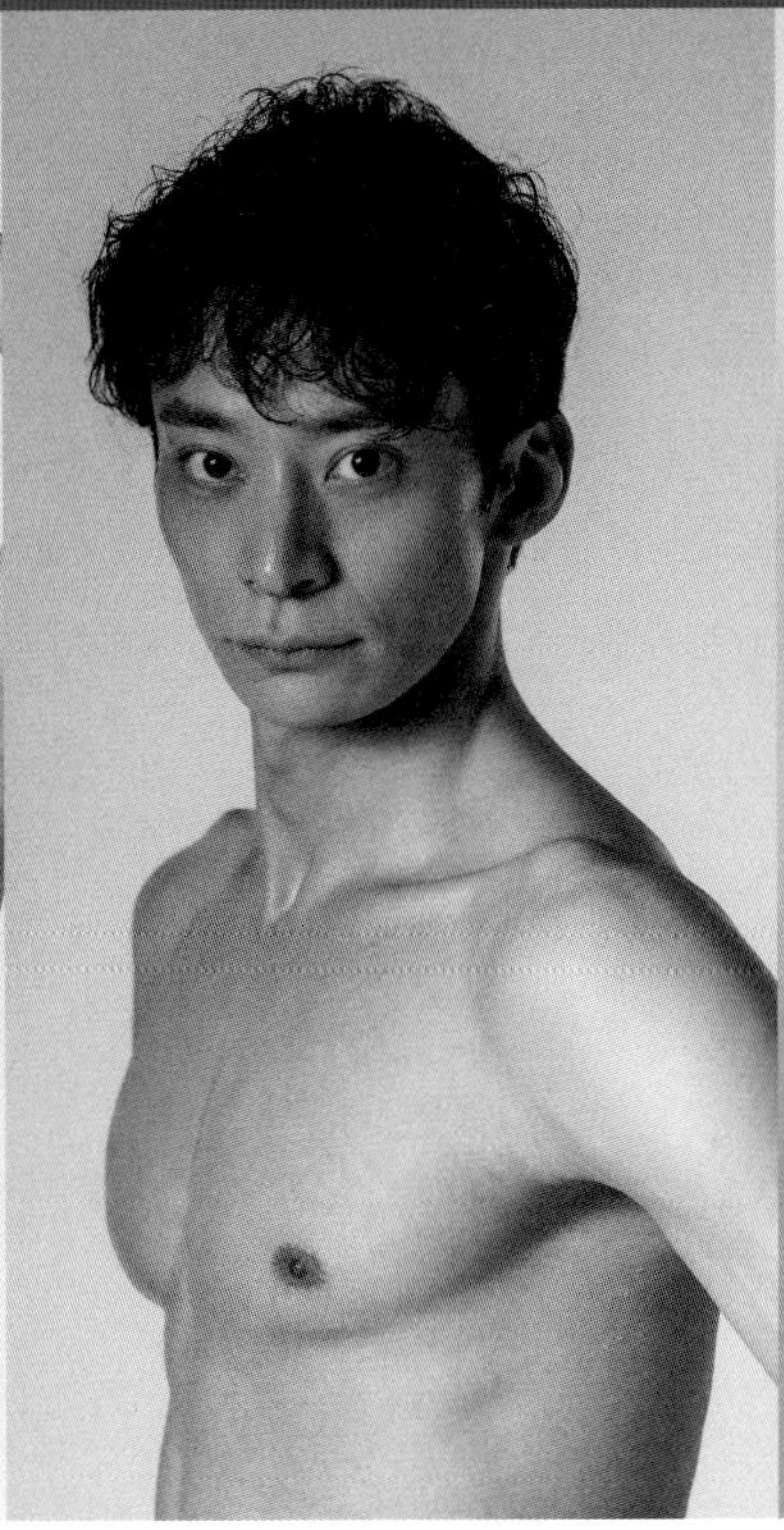

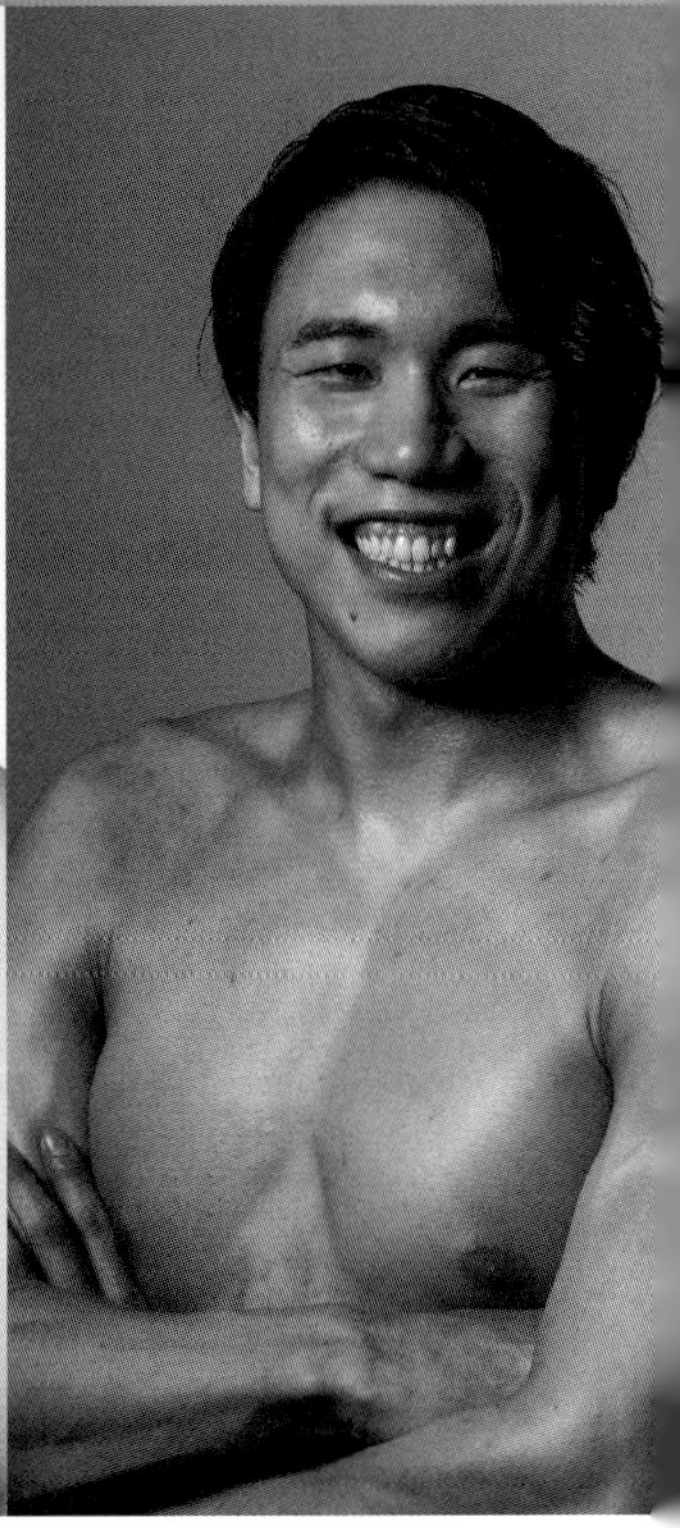

世界水泳 福岡2023

日本代表 選手名鑑

世界水泳福岡2023に挑む総勢101名の日本代表選手のプロフィールを一挙に紹介!

プロフィールの見方　①生年月日(年齢)　②出身　③身長　④所属

※年齢は世界水泳開幕日2023年7月14日時点　※**初**は、世界水泳初代表(当該競技)　※掲載情報は2023年5月10日時点

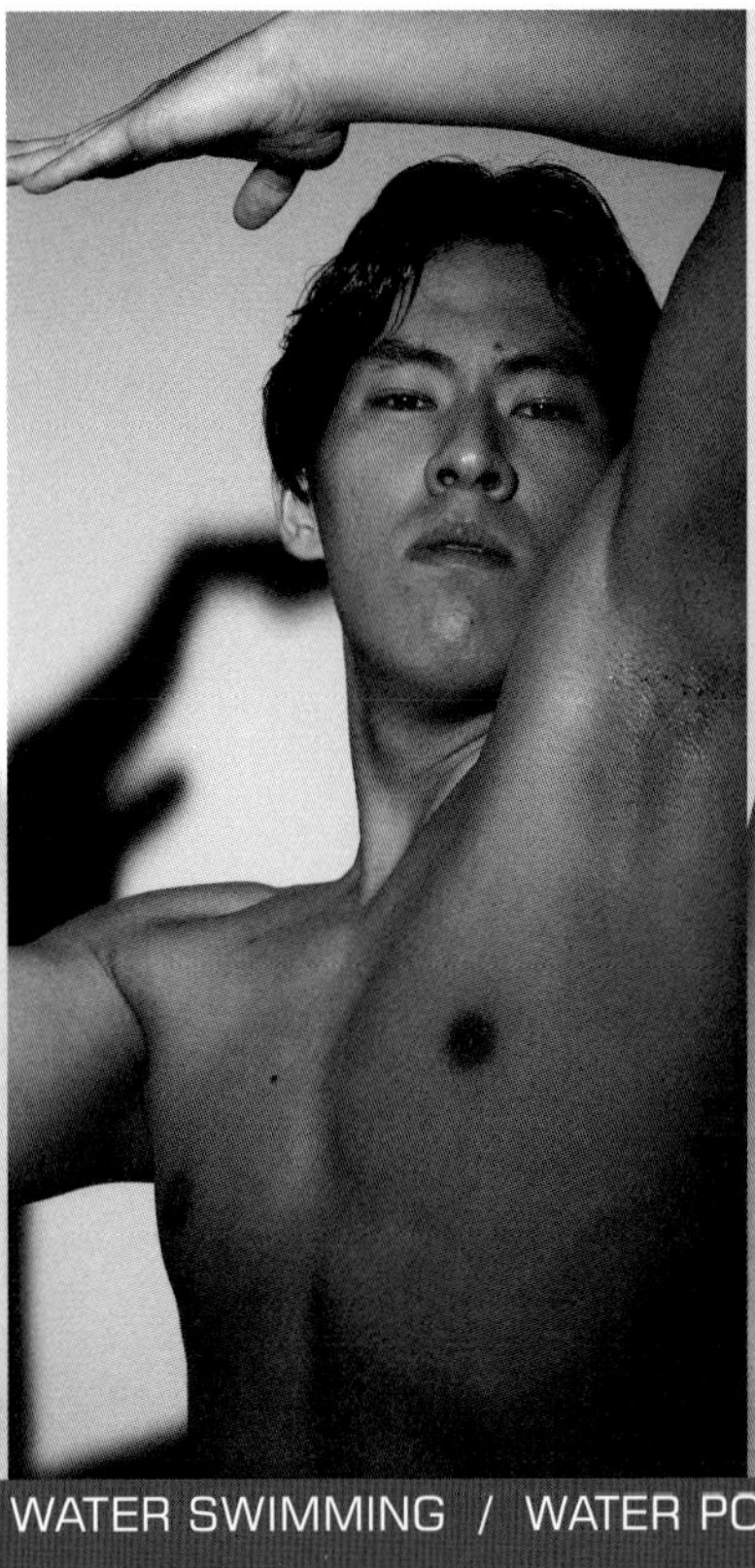

SWIMMING / ARTISTIC SWIMMING / DIVING / OPEN WATER SWIMMING / WATER POLO / HIGH DIVING

競泳
SWIMMING

2001年山野井さん以来の
50m自由形でメダル獲得！

塩浦 慎理

SHINRI SHIOURA

自由形

①1991年11月26日（31歳）
②神奈川 ③188cm
④イトマン東進

自己ベスト

50m自由形	21.67
100m自由形	48.35

主な成績

2018 パンパシ水泳	50m 自由形	5位
2018 アジア大会	100m 自由形	金メダル
2019 世界水泳	50m 自由形	8位
2021 東京五輪	4×100m フリーリレー	13位

表彰台に上がって
日本を盛り上げる！

入江 陵介

RYOSUKE IRIE

背泳ぎ

①1990年1月24日（33歳）
②大阪 ③178cm
④イトマン東進

自己ベスト

50m背泳ぎ	24.79
100m背泳ぎ	52.24

主な成績

2011 世界水泳	100m背泳ぎ　銅メダル／200m背泳ぎ　銀メダル
2012 ロンドン五輪	100m背泳ぎ　銅メダル／200m背泳ぎ　銀メダル
2021 東京五輪	100m背泳ぎ　9位／200m背泳ぎ　7位
2022 世界水泳	100m背泳ぎ　7位

“カツオ”になりきり
メダル獲得！

松元 克央

KATSUHIRO MATSUMOTO

自由形　バタフライ

①1997年2月28日（26歳）
②福島 ③186cm
④ミツウロコ・三菱養和スイムスクール

自己ベスト

100m自由形	47.85
200m自由形	1:44.65
100mバタフライ	50.96

主な成績

2018 パンパシ水泳	200m自由形	銅メダル
2019 世界水泳	200m自由形	銀メダル
2021 東京五輪	200m自由形	17位
2022 世界水泳	200m自由形	12位

進化した泳ぎで
“1分55秒”を見せつける！

柳川 大樹 初

DAIKI YANAGAWA

背泳ぎ

①2002年5月28日（21歳）
②神奈川 ③176cm
④イトマン港北・明治大学（3年）

自己ベスト

200m背泳ぎ	1:57.39

主な成績

2022 ジャパンオープン	100m背泳ぎ・200m背泳ぎ	優勝
2023 日本選手権	200m背泳ぎ	準優勝

地元・福岡のコーチや
家族に恩返しをしたい

竹原 秀一 初

HIDEKAZU TAKEHARA

背泳ぎ

①2004年4月27日（19歳）
②福岡 ③171cm
④東洋大学（1年）・
はるおかスイミングスクール赤間

自己ベスト

200m背泳ぎ	1:56.93

主な成績

2022 ジュニアパンパシ	200m背泳ぎ	優勝
2022・2023 日本選手権	200m背泳ぎ	優勝

金!世界一!
修造さん超え!これだけです!

渡辺 一平

IPPEI WATANABE

平泳ぎ

①1997年3月18日(26歳)
②大分 ③193cm
④トヨタ自動車株式会社

自己ベスト
100m平泳ぎ　59.52
200m平泳ぎ　2:06.67
※当時世界記録

主な成績
2016 リオ五輪　200m平泳ぎ　6位
2017 世界水泳　200m平泳ぎ　銅メダル
2018 パンパシ水泳　200m平泳ぎ　金メダル
2019 世界水泳　200m平泳ぎ　銅メダル

得意のキックを活かして
"日本"記録で名を残す!

日本 雄也 初

YUYA HINOMOTO

平泳ぎ

①1997年2月14日(26歳)
②岡山 ③173cm
④アクアティック・近大クラブ

自己ベスト
50m平泳ぎ　27.11

主な成績
2021〜2023 日本選手権　50m平泳ぎ　優勝

"特攻隊長"として
日本にいい流れを作る!

川本 武史

TAKESHI KAWAMOTO

バタフライ

①1995年2月19日(28歳)
②愛知 ③174cm
④トヨタ自動車株式会社

自己ベスト
50mバタフライ　23.13

主な成績
2015 世界水泳　50mバタフライ　16位/100mバタフライ　21位
2021 東京五輪　100mバタフライ　20位
2023 日本選手権　50mバタフライ　優勝

渡辺一平さんと
W表彰台を目指す

佐藤 翔馬 初

SHOMA SATO

平泳ぎ

①2001年2月8日(22歳)
②東京 ③177cm
④東京スイミングセンター

自己ベスト
100m平泳ぎ　59.18
200m平泳ぎ　2:06.40

主な成績
2021 日本選手権　100m平泳ぎ・200m平泳ぎ　優勝
2021 東京五輪　100m平泳ぎ　23位/200m 平泳ぎ　10位
2023 日本選手権　200m平泳ぎ　準優勝

"五輪で金"につながる
日本記録を出す!

本多 灯

TOMORU HONDA

バタフライ　個人メドレー

①2001年12月31日(21歳)
②神奈川 ③173cm
④イトマン東京・日本大学(4年)

自己ベスト
200mバタフライ　1:52.70
400m個人メドレー　4:10.37

主な成績
2021 東京五輪　200mバタフライ　銀メダル
2022 世界水泳　200mバタフライ　銅メダル
2023 日本選手権　200mバタフライ　優勝/400m個人メドレー　準優勝

チャレンジャー精神で
もう一度"世界の水沼"に!

水沼 尚輝

NAOKI MIZUNUMA

バタフライ

①1996年12月13日(26歳)
②栃木 ③180cm
④新潟医療福祉大職員

自己ベスト
50mバタフライ　23.31
100mバタフライ　50.81

主な成績
2019 世界水泳　100mバタフライ　9位
2021 東京五輪　100mバタフライ　10位
2022 世界水泳　100mバタフライ　銀メダル
2023 日本選手権　100mバタフライ　準優勝

見に来てくれた人たちに
目指してもらえる泳ぎを

瀬戸 大也

DAIYA SETO

個人メドレー

①1994年5月24日(29歳)
②埼玉 ③174cm
④CHARIS&Co.

自己ベスト
200m個人メドレー 1:55.55
400m個人メドレー 4:06.09

主な成績
2013・2015 世界水泳 400m個人メドレー 金メダル
2016 リオ五輪 400m個人メドレー 銅メダル
2019 世界水泳 200m個人メドレー・400m 個人メドレー 金メダル
2021 東京五輪 200m個人メドレー 4位

ラスト50m
渾身《こんしん》のキックで追い上げる!

森本 哲平 初

TEPPEI MORIMOTO

バタフライ

①2002年4月7日(21歳)
②大阪 ③168cm
④イトマン近大・近畿大学(3年)

自己ベスト
200mバタフライ 1:54.74

主な成績
2022 日本選手権 200mバタフライ 3位
2022 ジャパンオープン 200mバタフライ 3位
2023 日本選手権 200mバタフライ 準優勝

世界に強いIKEEが
戻ってきたと証明する

池江 璃花子

RIKAKO IKEE

自由形 バタフライ

①2000年7月4日(23歳)
②東京 ③172cm
④横浜ゴム株式会社・
スポーツクラブルネサンス

自己ベスト
50m自由形 24.21
100m自由形 52.79
50mバタフライ 25.11
100mバタフライ 56.08

主な成績
2016 リオ五輪 100m バタフライ 5位 /100m自由形 12位
2017 世界水泳 50m バタフライ 13位 /100mバタフライ 6位
2018 パンパシ水泳 100m バタフライ 金メダル /200m自由形 銀メダル
2021 東京五輪 4×100m メドレーリレー 8位

憧れを捨てて
思い切って若さで勝負する

小方 颯 初

SO OGATA

個人メドレー

①2003年4月28日(20歳)
②神奈川 ③173cm
④イトマン港北・日本大学(2年)

自己ベスト
200m個人メドレー 1:57.52

主な成績
2022 日本選手権 200m個人メドレー 優勝
2022 ジャパンオープン 200m個人メドレー 優勝
2023 日本選手権 200m個人メドレー 準優勝

世界の決勝の舞台で戦う
"夢"を"実"らせる!

難波 実夢

MIYU NAMBA

自由形

①2002年5月31日(21歳)
②奈良 ③168cm
④JSS・近畿大学(3年)

自己ベスト
400m自由形 4:05.25
800m自由形 8:26.61

主な成績
2021 東京五輪 400m 自由形 20位 / 800m自由形 17位
2022 世界水泳 400m 自由形 9位 / 800m自由形 10位
2022 世界短水路 800m 自由形 銅メダル /1500m自由形 銀メダル
2023 日本選手権 400m 自由形 優勝 / 800m自由形 準優勝

4年前の世界水泳での
自己ベストを超える!

白井 璃緒

RIO SHIRAI

自由形 背泳ぎ

①1999年9月10日(23歳)
②兵庫 ③166cm
④ミズノ

自己ベスト
100m自由形 54.27
200m自由形 1:56.82
100m背泳ぎ 59.43
200m背泳ぎ 2:07.87

主な成績
2016 アジア大会 200m 背泳ぎ 銅メダル
2019 世界水泳 200m 自由形 8位 /200m背泳ぎ 31位
2023 日本選手権 200m 自由形・100m背泳ぎ・200m背泳ぎ 優勝

人を笑顔にできるように
自分が笑顔になる結果を出す

森山 幸美 初

YUKIMI MORIYAMA

自由形

①1996年8月9日（26歳）
②愛知 ③163cm
④SWANS SPORTS CLUB

自己ベスト

1500m自由形	16:13.74

主な成績

2018	パンパシ水泳	1500m 自由形	7位
2018	アジア大会	1500m 自由形	4位
2021〜2023	日本選手権	1500m 自由形	優勝

自己ベスト更新で
日本長距離界の未来をひらく

小堀 倭加

WAKA KOBORI

自由形

①2000年8月10日（22歳）
②神奈川 ③163cm
④あいおいニッセイ同和損害保険株式会社・
湘泳会

自己ベスト

400m自由形	4:05.57
800m自由形	8:26.67

主な成績

2018	アジア大会	800m 自由形	銅メダル
2021	東京五輪	400m 自由形	11位／800m自由形　16位
2022	世界水泳	400m 自由形	11位
2023	日本選手権	400m 自由形	準優勝／800m自由形　優勝

イルカのようにきれいに
シャチのように勢いよく泳ぐ

弘中 花音 初

HANANE HIRONAKA

背泳ぎ

①2005年5月5日（18歳）
②山口 ③164cm
④イトマンスイミングスクール・
四條畷学園高等学校（3年）

自己ベスト

200m背泳ぎ	2:10.61

主な成績

2022	日本選手権	200m 背泳ぎ	4位
2023	日本選手権	200m 背泳ぎ	準優勝

27秒台に突入して
決勝進出を目指す

高橋 美紀 初

MIKI TAKAHASHI

背泳ぎ

①1995年4月10日（28歳）
②愛知 ③171cm
④林テレンプ株式会社

自己ベスト

50m背泳ぎ	28.05
100m背泳ぎ	1:00.76

主な成績

2016	世界短水路	200m 背泳ぎ	8位
2022	日本選手権	50m 背泳ぎ	優勝
2023	日本選手権	50m 背泳ぎ	優勝／100m背泳ぎ　3位

決勝で魅せる！
今までの自分を超える最高の泳ぎ

青木 玲緒樹

REONA AOKI

平泳ぎ

①1995年2月24日（28歳）
②東京 ③167cm
④ミズノ

自己ベスト

50m平泳ぎ	30.27
100m平泳ぎ	1:05.19
200m平泳ぎ	2:21.85

主な成績

2018	パンパシ水泳	100m 平泳ぎ	銅メダル／200m 平泳ぎ　4位
2019	世界水泳	100m 平泳ぎ	4位／200m 平泳ぎ　15位
2021	東京五輪	100m 平泳ぎ	19位
2023	日本選手権	100m 平泳ぎ	優勝／200m 平泳ぎ　準優勝

過去最高のコンディションで
50m平泳ぎのパイオニアになる

鈴木 聡美

SATOMI SUZUKI

平泳ぎ

①1991年1月29日（32歳）
②福岡 ③168.5cm
④ミキハウス

自己ベスト

50m平泳ぎ	30.44
100m平泳ぎ	1:06.32

主な成績

2011	世界水泳	100m 平泳ぎ	9位／200m平泳ぎ　18位
2012	ロンドン五輪	100m 平泳ぎ	銅メダル／200m平泳ぎ　銀メダル
2016	リオ五輪	100m 平泳ぎ	12位
2023	日本選手権	50m 平泳ぎ	優勝／100m平泳ぎ　準優勝

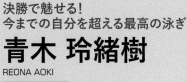

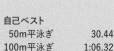

気持ちが一番大事
“気あい”で泳ぎ切る

相馬 あい 初

AI SOMA

バタフライ

①1997年9月15日(25歳)
②青森 ③168cm
④ミキハウス

自己ベスト

100mバタフライ 57.42

主な成績

2018 パンパシ水泳 100m バタフライ 7位
2018 アジア大会 100m バタフライ 4位
2022・2023 日本選手権 100m バタフライ 準優勝

過去の自分を超えつかんだ舞台で
超“月”《スーパームーン》になる!

今井 月

RUNA IMAI

平泳ぎ

①2000年8月15日(22歳)
②岐阜 ③166cm
④株式会社バローホールディングス・
東京ドームスポーツ

自己ベスト

100m平泳ぎ 1:06.91
200m平泳ぎ 2:22.98

主な成績

2016 リオ五輪 200m 個人メドレー 15位
2017 世界水泳 200m 個人メドレー 5位
2023 日本選手権 100m 平泳ぎ 5位 / 200m平泳ぎ 優勝

緊張をチカラに変えて
目指せ!自分史上最高!

牧野 紘子

HIROKO MAKINO

バタフライ

①1999年8月20日(23歳)
②東京 ③163cm
④あいおいニッセイ同和損害保険株式会社

自己ベスト

200mバタフライ 2:06.92

主な成績

2017 世界水泳 200m バタフライ 10位
2019 世界水泳 200m バタフライ 11位
2023 日本選手権 200m バタフライ 準優勝

後半の強さを武器に
憧れの星奈津美さんに近づきたい

三井 愛梨 初

AIRI MITSUI

バタフライ

①2004年6月12日(19歳)
②神奈川 ③163cm
④横浜サクラスイミングスクール・
法政大学(1年)

自己ベスト

200mバタフライ 2:06.77

主な成績

2022 ジュニアパンパシ 100m バタフライ準優勝 / 200mバタフライ 優勝
2022 世界短水路 200m バタフライ 6位
2023 日本選手権 200m バタフライ 優勝

試合後に超ビッグスマイルを
出せるように頑張ります!

大橋 悠依

YUI OHASHI

個人メドレー

①1995年10月18日(27歳)
②滋賀 ③174cm
④イトマン東進

自己ベスト

200m個人メドレー 2:07.91

主な成績

2017 世界水泳 200m 個人メドレー 銀メダル
2018 パンパシ水泳 200m 個人メドレー 金メダル
2021 東京五輪 200m 個人メドレー・400m個人メドレー 金メダル
2022 世界水泳 200m 個人メドレー 13位

自信がみなぎった泳ぎで
世界のレベルを体感したい

成田 実生 初

MIO NARITA

個人メドレー

①2006年12月18日(16歳)
②東京 ③161cm
④金町スイミングクラブ・
淑徳巣鴨高等学校(2年)

自己ベスト

200m個人メドレー 2:10.27
400m個人メドレー 4:36.71

主な成績

2022 日本選手権 200m 個人メドレー 準優勝 / 400m個人メドレー 3位
2022 世界ジュニア 200m 個人メドレー・400m個人メドレー 優勝
2023 日本選手権 200m 個人メドレー・400m個人メドレー 優勝

リレーはお祭り種目
そこで活躍して“お祭り漢《おとこ》”に

五味 智信 初

TOMONOBU GOMI

自由形（リレー）

①2002年11月15日（20歳）
②神奈川 ③178cm
④ヨコハマスイミングクラブ・明治大学（3年）

自己ベスト
100m自由形 48.75

主な成績
2022 国際大会代表選考会 100m 自由形 7位
2022 ジャパンオープン 100m 自由形 3位
2023 日本選手権 100m 自由形 準優勝

決勝で世界と勝負！
パリ五輪で羽ばたく蝶になる

谷川 亜華葉

AGEHA TANIGAWA

個人メドレー

①2003年6月15日（20歳）
②大阪 ③161cm
④イトマン近大・近畿大学（2年）

自己ベスト
400m個人メドレー 4:36.45

主な成績
2021 東京五輪 400m 個人メドレー 12位
2022 世界水泳 400m 個人メドレー 8位
2023 日本選手権 400m 個人メドレー 準優勝

47秒台で次につないで
日本チームに貢献！

川根 正大 初

MASAHIRO KAWANE

自由形（リレー）

①1999年7月18日（23歳）
②神奈川 ③183cm
④ツカサドルフィン

自己ベスト
100m自由形 48.83

主な成績
2022 ジャパンオープン 100m 自由形 6位
2023 日本選手権 100m 自由形 4位

フリーリレーで決勝進出
日本記録更新！

中村 克

KATSUMI NAKAMURA

自由形（リレー）

①1994年2月21日（29歳）
②東京 ③185cm
④イトマン東進

自己ベスト
50m自由形 21.87
100m自由形 47.87

主な成績
2017 世界水泳 4×100m フリーリレー 5位
2018 アジア大会 50m 自由形・100m自由形 銀メダル
2021 東京五輪 100m 自由形 17位／4×100mメドレーリレー 6位
2023 日本選手権 50m 自由形 準優勝／100m自由形 3位

地元・九州での大舞台
小柄でも負けません！

田中 大寛 初

TAIKAN TANAKA

自由形（リレー）

①2001年4月25日（22歳）
②大分 ③168cm
④早稲田大学（4年）

自己ベスト
200m自由形 1:47.67

主な成績
2022 国際大会代表選考会 200m 自由形 5位
2022 インカレ水泳 200m 自由形 優勝
2023 日本選手権 200m 自由形 3位

“目指せ第2のカツオ”
松元克央さんのように世界へ

眞野 秀成 初

HIDENARI MANO

自由形（リレー）

①2000年7月6日（23歳）
②神奈川 ③185cm
④セントラルスポーツ

自己ベスト
200m自由形 1:47.27

主な成績
2022 国際大会代表選考会 200m 自由形 6位
2022 ジャパンオープン 200m 自由形 3位
2023 日本選手権 200m 自由形 準優勝

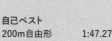

周りの人のために スマイルで終わりたい

池本 凪沙

NAGISA IKEMOTO

自由形(リレー)

①2002年8月25日(20歳)
②京都 ③171cm
④イトマン東京・中央大学(3年)

自己ベスト

100m自由形	54.31
200m自由形	1:57.77

主な成績

2019 世界水泳	4×200m フリーリレー	8位
2021 東京五輪	4×200m フリーリレー	9位
2023 日本選手権	100m 自由形・200m自由形	準優勝

日本選手権で戦った人たちの 想いを背負って戦う

吉田 冬優 初

FUYU YOSHIDA

自由形(リレー)

①1997年11月23日(25歳)
②東京 ③188cm
④三谷産業株式会社・
三菱養和スイムスクール

自己ベスト

200m自由形	1:48.08

主な成績

2016 アジア大会	4×200m フリーリレー	金メダル
2022 日本選手権	200m 自由形	6位
2023 日本選手権	200m 自由形	4位

自分自身を超え 最高の記録を出す

五十嵐 千尋

CHIHIRO IGARASHI

自由形(リレー)

①1995年5月24日(28歳)
②神奈川 ③170cm
④株式会社テイクアンドギヴ・ニーズ

自己ベスト

100m自由形	54.10
200m自由形	1:57.10

主な成績

2016 リオ五輪	4×200m フリーリレー	8位
2017 世界水泳	4×200m フリーリレー	5位
2021 東京五輪	4×100m メドレーリレー	8位
2023 日本選手権	200m 自由形	3位

憧れの舞台で多くの人に “ドリーム”を届ける

神野 ゆめ 初

YUME JINNO

自由形(リレー)

①2002年11月23日(20歳)
②愛知 ③160cm
④中京大学(3年)

自己ベスト

100m自由形	54.90
200m自由形	2:01.62

主な成績

2022 日本選手権	100m 自由形	4位
2022 ジャパンオープン	100m 自由形	3位
2023 日本選手権	100m 自由形	4位

STAFF

監督	梅原 孝之	株式会社ジェイエスエス
ヘッドコーチ	横山 貴	神奈川大学
コーチ	加藤 健志	東海大学
	中川 智之	三菱養和スイムスクール
	平井 伯昌	東洋大学
	藤森 善弘	横浜サクラスイミングスクール
	石松 正考	イトマンスイミングスクール
	下山 好充	新潟医療福祉大学
	髙城 直基	慶應義塾大学
	西崎 勇	ルネサンス
トレーナー	小泉 圭介	東都大学
	栗木 明裕	筑紫女学園大学
	杉本 啓	(株)サンイリオス・インターナショナル
	松浦 由生子	新潟医療福祉大学
	森 正一郎	ななみ鍼灸接骨院
科学	林 勇樹	学校法人 追手門学院大学
	郡司 拓実	筑波大学大学院
総務	草薙 あゆ美	(公財)日本オリンピック委員会
	遠藤 百茄	(公財)日本オリンピック委員会

超《ウルトラ》チャレンジ精神で パリ五輪につながる泳ぎを!

望月 絹子 初

KINUKO MOCHIZUKI

自由形(リレー)

①1999年4月14日(24歳)
②静岡 ③163cm
④鈴与株式会社

自己ベスト

200m自由形	1:58.75

主な成績

2020 日本選手権	400m 自由形・800m自由形	優勝
2022 日本選手権	400m 自由形・800m自由形	3位
2022 ジャパンオープン	400m 自由形	3位
2023 日本選手権	200m 自由形	4位

アーティスティックスイミング
ARTISTIC SWIMMING

吉田 萌
MEGUMU YOSHIDA

チーム アクロ

①1995年7月2日(28歳) ②愛知
③168cm

比嘉 もえ
MOE HIGA

デュエット チーム アクロ

①2007年9月15日(15歳) ②広島
③172cm

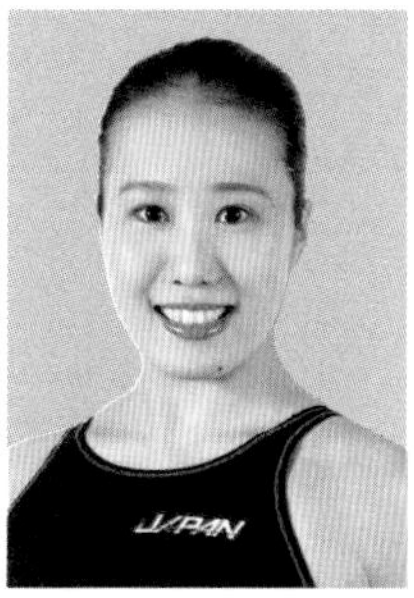

安永 真白
MASHIRO YASUNAGA

デュエット チーム アクロ

①1999年7月11日(24歳) ②大阪
③167cm

乾 友紀子
YUKIKO INUI

女子ソロ

①1990年12月4日(32歳) ②滋賀
③170cm

和田 彩未
AMI WADA

チーム アクロ

①2003年6月30日(20歳) ②長野
③162cm

柳澤 明希
AKANE YANAGISAWA

チーム アクロ

①1998年10月8日(24歳) ②埼玉
③166cm

佐藤 友花
TOMOKA SATO

ミックス チーム アクロ

①2001年8月22日(21歳) ②茨城
③167cm

木島 萌香
MOEKA KIJIMA

チーム アクロ

①1999年9月2日(23歳) ②石川
③167cm

鈴木 ひかり
HIKARI SUZUKI

チーム アクロ

①2002年11月19日(20歳) ②東京
③166cm

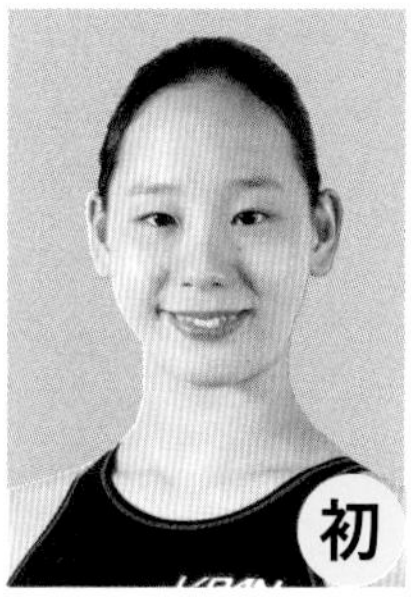

島田 綾乃
AYANO SHIMADA

チーム アクロ

①2006年6月22日(17歳) ②三重
③165cm

藤井 萌夏
MOKA FUJII

チーム アクロ

①2004年8月29日(18歳) ②愛知
③168cm

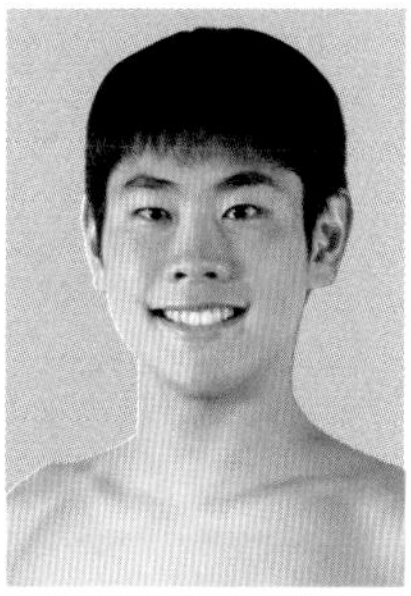

佐藤 陽太郎
YOTARO SATO

男子ソロ ミックス チーム アクロ

①2004年8月10日(18歳) ②茨城
③179cm

廣田 憩
IKOI HIROTA

チーム アクロ

①2003年9月25日(19歳) ②大阪
③150cm

小林 唄
UTA KOBAYASHI

チーム アクロ

①2002年8月6日(20歳) ②長野
③164cm

STAFF

団長
本間 三和子
筑波大学

ヘッドコーチ
中島 貴子
(公財) 日本オリンピック委員会

コーチ
加島 知葉
(公財)日本オリンピック委員会

川合 真与
聖徳大学
ジョイフルアスレティッククラブ

ソロコーチ
井村 雅代
(一社)井村アーティスティック
スイミングクラブ

トレーナー
吉岡 大翼
訪問鍼灸マッサージ
よしおか治療院

畠中 柚佳
神保町整形外科

テクニカルスタッフ
伊藤 浩志
(公財) 日本水泳連盟

飛込
DIVING

荒木 宥図
YUTO ARAKI

シンクロ3m飛板飛込

①1996年6月5日（27歳）②新潟
③173cm

大久保 柊
SHU OHKUBO

高飛込

①1997年1月26日（26歳）②茨城
③170cm

玉井 陸斗
RIKUTO TAMAI

高飛込　1m飛板飛込

①2006年9月11日（16歳）②兵庫
③160cm

須山 晴貴
HARUKI SUYAMA

3m飛板飛込　シンクロ3m飛板飛込

①1998年3月9日（25歳）②島根
③175cm

荒井 祭里
MATSURI ARAI

高飛込　シンクロ高飛込

①2001年1月18日（22歳）②兵庫
③150cm

榎本 遼香
HARUKA ENOMOTO

3m飛板飛込

①1996年9月14日（26歳）②栃木
③165cm

三上 紗也可
SAYAKA MIKAMI

3m飛板飛込

①2000年12月8日（22歳）②鳥取
③155cm

伊藤 洸輝
HIROKI ITO

MIXシンクロ高飛込　1m飛板飛込

①1999年10月26日（23歳）②神奈川
③168cm

STAFF

チームリーダー
野村 孝路
（公財）日本オリンピック委員会

ヘッドコーチ
安田 千万樹
鳥取県地域づくり推進部
スポーツ課・米子ダイビングクラブ

コーチ
馬淵 崇英
JSS宝塚

松本 行夫
栃木DC

毒島 泰士
東京スイミングセンター

トレーナー
桐山 大輔
からだリカバリールーム

板橋 美波
MINAMI ITAHASHI

シンクロ高飛込　MIXシンクロ高飛込

①2000年1月28日（23歳）②兵庫
③150cm

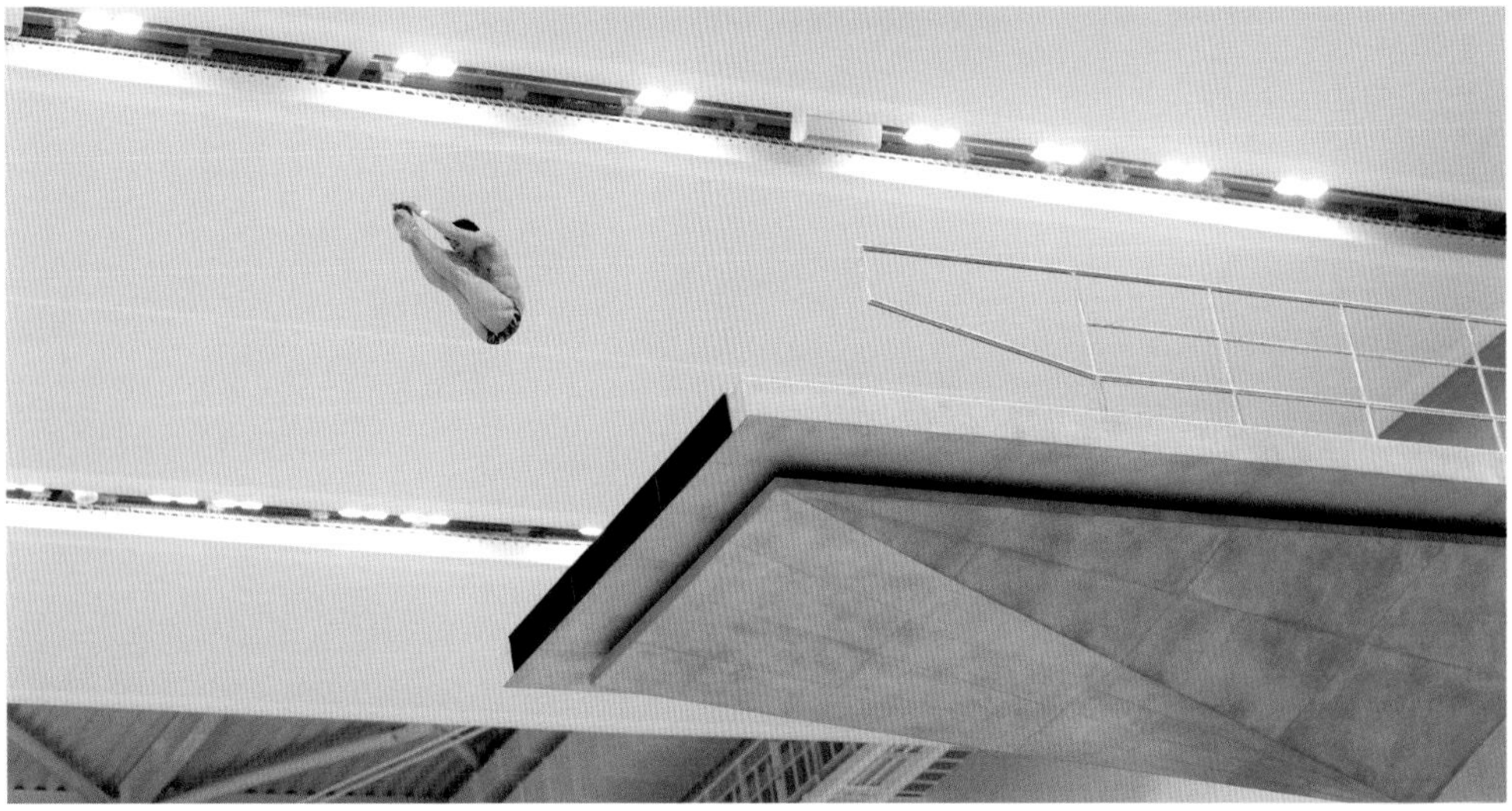

オープンウォータースイミング

OPEN WATER SWIMMING

写真：ロイター／アフロ

辻森 魁人
KAITO TSUJIMORI

5km

①2006年2月26日（17歳）②兵庫

江沢 陸
RIKU EZAWA

5km

①2003年10月11日（19歳）②千葉

南出 大伸
TAISHIN MINAMIDE

10km

①1996年4月13日（27歳）②和歌山

古畑 海生
KAIKI FURUHATA

10km

①1999年7月12日（24歳）②兵庫

小島 光丘
MIKU KOJIMA

5km

①2005年9月9日（17歳）②愛知

梶本 一花
ICHIKA KAJIMOTO

5km

①2004年3月7日（19歳）②大阪

加藤 はなの
HANANO KATO

10km

①1999年8月18日（23歳）②新潟

蝦名 愛梨
AIRI EBINA

10km

①2001年11月25日（21歳）②北海道

STAFF

コーチ 末次 澄王 佐藤製薬株式会社
吉田 龍平 株式会社木下グループ
中條 和之 ダッシュスイミングスクール三条

トレーナー 及川 広太 physical conditioning support

オープンウォータースイミングの大会会場：シーサイドももち海浜公園（奥）

水球(男子)

WATER POLO

写真：ロイター／アフロ

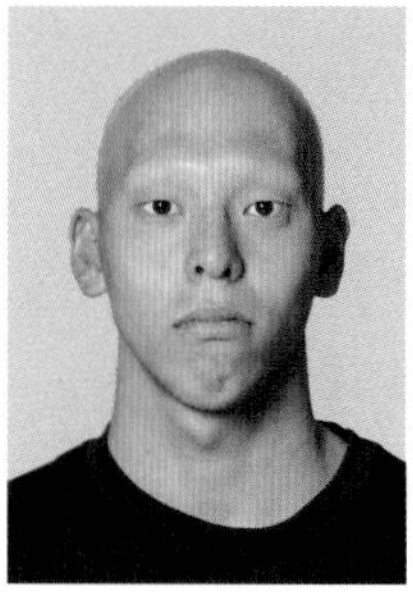

渡邉 太陽
TAIYO WATANABE

フィールドプレイヤー

①2001年10月4日(21歳)

荻原 大地
DAICHI OGIHARA

フィールドプレイヤー

①2003年3月17日(20歳)

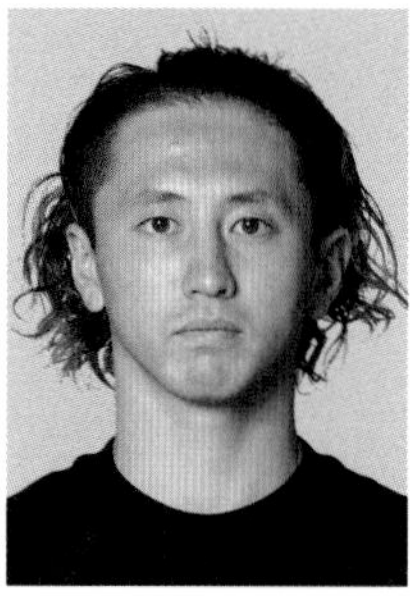

足立 聖弥
SEIYA ADACHI

フィールドプレイヤー

①1995年6月24日(28歳)

棚村 克行
KATSUYUKI TANAMURA

ゴールキーパー

①1989年8月3日(33歳)

髙田 充
MITSURU TAKATA

フィールドプレイヤー

①1995年12月8日(27歳)

新田 一景
IKKEI NITTA

フィールドプレイヤー

①1998年4月23日(25歳)

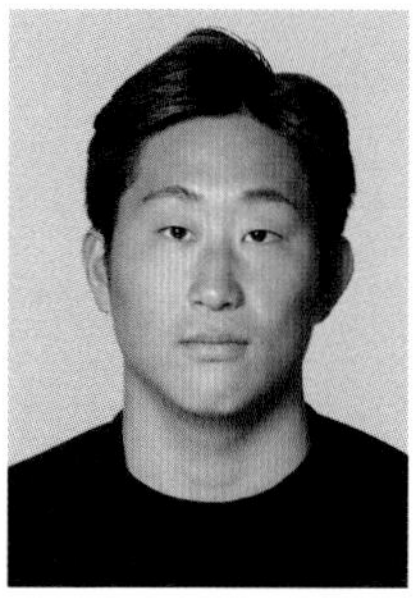

鈴木 透生
TOI SUZUKI

フィールドプレイヤー

①1999年10月20日(23歳)

伊達 清武
KIYOMU DATE

フィールドプレイヤー

①1997年4月9日(26歳)

荒木 健太
KENTA ARAKI

フィールドプレイヤー

①1995年4月6日(28歳)

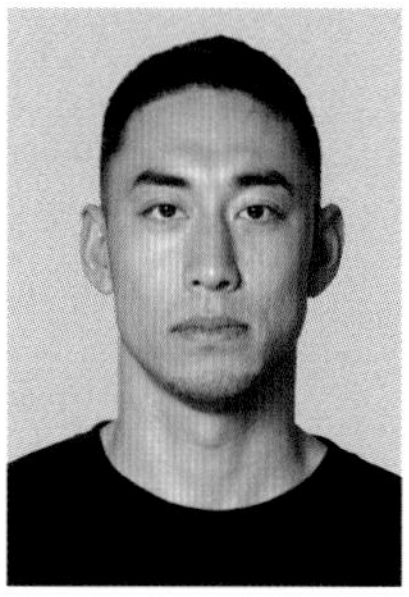

大川 慶悟
KEIGO OKAWA

フィールドプレイヤー

①1990年3月11日(33歳)

稲場 悠介
YUSUKE INABA

フィールドプレイヤー

①2000年4月11日(23歳)

荒井 陸
ATSUSHI ARAI

フィールドプレイヤー

①1994年2月3日(29歳)

STAFF

ヘッドコーチ
塩田 義法
日本体育大学

コーチ
長沼 敦
順天堂大学

筈井 翔太
株式会社ブルボン

分析スタッフ
山中 裕太
青山学院大学

山本 将行
MASAYUKI YAMAMOTO

フィールドプレイヤー

①2002年4月4日(21歳)

佐々野 廉
REN SASANO

ゴールキーパー

①2001年6月13日(22歳)

西村 永遠
TOWA NISHIMURA

ゴールキーパー

①1998年3月31日(25歳)

水球（女子）
WATER POLO

西山 風花
FUKA NISHIYAMA

フィールドプレイヤー
①2000年4月19日（23歳）

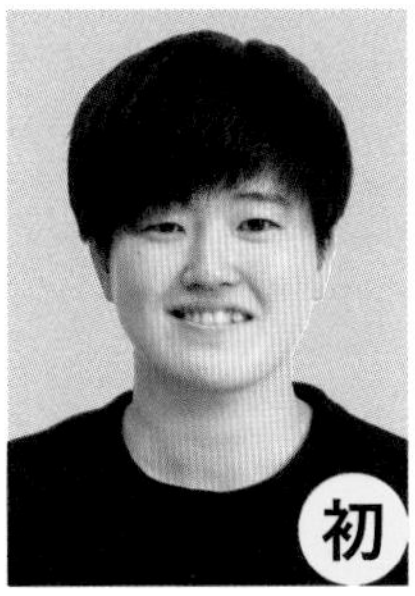

河口 華子
KAKO KAWAGUCHI

フィールドプレイヤー
①1999年7月14日（24歳）

稲場 朱里
AKARI INABA

フィールドプレイヤー
①1998年2月2日（25歳）

川田代 悠花
YUKA KAWATASHIRO

ゴールキーパー
①2000年11月15日（22歳）

砂邊 亜衣
AI SUNABE

フィールドプレイヤー
①2002年9月14日（20歳）

有馬 優美
YUMI ARIMA

フィールドプレイヤー
①1997年9月9日（25歳）

北村 江梨
ERI KITAMURA

フィールドプレイヤー
①2001年10月4日（21歳）

設樂 ひかる
HIKARU SHITARA

フィールドプレイヤー
①1999年6月23日（24歳）

井上 萌々
MOMO INOUE

フィールドプレイヤー
①2003年2月2日（20歳）

工藤 恭子
KYOKO KUDO

フィールドプレイヤー
①2001年2月10日（22歳）

浦 映月
ERUNA URA

フィールドプレイヤー
①2002年10月14日（20歳）

後藤 清花
KIYOKA GOTO

フィールドプレイヤー
①2002年8月26日（20歳）

STAFF

ヘッドコーチ
大本 洋嗣
日本体育大学・IKAI・Kingfisher74

コーチ
飛田 菜七子
国士舘大学

小林 浩二
愛知県立半田商業高等学校

山井 裕加
YUKA YAMAI

フィールドプレイヤー
①2002年3月10日（21歳）

野田 茉波
MANAMI NODA

ゴールキーパー
①2000年2月2日（23歳）

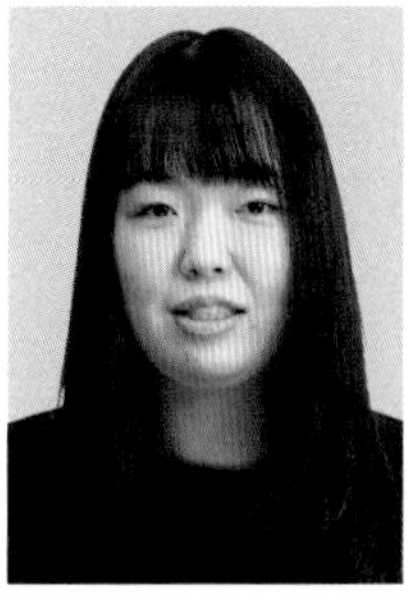

塩谷 南美
MINAMI SHIOYA

ゴールキーパー
①1997年7月27日（25歳）

世界水泳福岡2023メインキャスター
松岡修造と全力応援！

ウルトラ 超 福岡

世界水泳福岡2023のもうひとつの主役である福岡市。
九州の政治、経済、文化、ファッションの中心としてにぎわうエネルギッシュな街には、
ウルトラな魅力があふれている。世界トップスイマーを迎える福岡市を、
松岡修造さんと一緒に盛り上げよう！

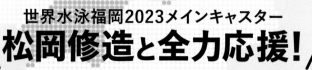

＼ 世界に誇る盛り上がり！ ／

博多どんたく

福岡市民は大のお祭り好き！
ゴールデンウイーク期間中に開催される「博多どんたく」は、
夏の「博多祇園山笠」と並んで、たくさんの人でにぎわう。
今年は松岡修造さんらも参加し、大会をアピールした。

どんたくで人のエネルギーが集まったとき、
福岡の「ひとつになる力」を感じて、
僕の心がすごく燃えた。
世界水泳では世界中から多くの人が集まり
注目される。今までになかった福岡を
世界に伝えるのが楽しみ！

5月3日に松岡修造さん、萩野公介さん、博多大吉さん、福岡の水泳キッズたちが「チーム世界水泳」を結成して福岡の街を練り歩いた。

ウルトラ 超 PEOPLE

街の活気を生み出す源は、そこに暮らす人々のパワー！
修造さんにも負けない熱い想いはきっと、選手たちの大きな力となるだろう。

「やると決めたらとことんやる」
「やるばい」という勇ましさを
福岡人から感じた！
ウルトラ宣言をした人は、
その時点で前向きになっている。
もう過去の自分を超えているんだ！

松岡修造さんは大会前に福岡市内の小学校や高校、専門学校でウルトラ授業を開催。
子どもたちの“ウルトラ宣言”にエールを送った。

＼ 自分を超えろ！　未来をつかめ！ ／

ウルトラ宣言

世界水泳を盛り上げ、「福岡から日本を元気にしていこう！」という
『松岡修造Presentsウルトラ福岡プロジェクト！～今の自分を超えよう！～』。
福岡の子どもたちに、自分を超える “ウルトラ宣言”をしてもらった。

MET

福岡の豊かな食文化は、市民だけではなく、
国内外からの観光客の舌も満足させてきた。
その歴史や伝統を受け継ぎつつ、
さらに進化を続ける福岡のウルトラな「食」をぜひ味わって。

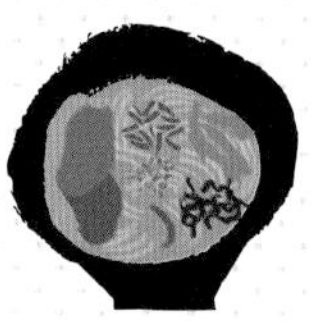

＼福岡グルメの代名詞／

福岡の とんこつラーメン

とんこつラーメンの聖地・福岡を訪れたら
マストで味わいたい
“ガンナガ”と“泡系”ラーメン！

MENU
ラーメン　550円
メニューはラーメン・替玉・替肉のみ。席に着くとまたたく間にラーメンが到着する。

博多ラーメンのルーツ！

長浜ラーメン

市場で働く忙しい人々のために、茹で時間の短い細麺や替玉、カタといった注文法を生み出したと言われる昭和27年創業の老舗、元祖長浜屋。通称“ガンナガ”。うす味のとんこつラーメンに、卓上の調味料を加えて、自分好みにして食すのがツウだ。

元祖長浜屋　MAP 1
福岡市中央区長浜2-5-25
トラストパーク長浜3-1F
☎092-711-8154
営業／6:00〜25:45
休み／12/31〜1/5

MENU
味玉ラーメン
900円
とんこつのうまみはもちろん、脂や肉片まで溶け込んだスープはトロトロ！

本場博多仕込み

泡系とんこつ

博多で人気のスープの表面を泡立てクリーミーに仕上げる“泡系”とんこつ。中でも濃厚かつパンチのある味わいでファンの多い『博多 一成一代』。“泡系”の元祖『博多一幸舎』直営の製麺所『慶史』特注の個性的な極細麺が、濃厚なスープをしっかりと持ち上げる！

博多 一成一代　MAP 2
福岡市博多区東比恵2-17-23ローズマンション第一博多 一号館102
☎050-5462-1558
営業／(火〜日)11:00〜14:30、17:30〜23:00 ※金曜は〜24:00、(月)11:00〜14:30
休み／不定休

MENU
釜だれとんこつラーメン　980円
ジューシーな「釜煮込み焼豚」と濃厚な「釜だれ」を使用した、ほかでは味わえない一杯。

福岡でしか味わえない特別な一杯

釜だれとんこつラーメン

福岡発祥のラーメンチェーン『一蘭』の中でも『天神西通り店』には福岡でしか味わえない『釜だれとんこつラーメン』がある。有田焼の重箱どんぶりに入ったプレミアムな一杯を、この機会にぜひ味わって！
※キャナルシティ博多店にも同メニュー有

一蘭 天神西通り店　MAP 3
福岡市中央区大名2-1-57
☎092-713-6631
営業／10:00〜翌7:00　休み／年中無休

情熱は最高の調味料だ！
目指せ！世界のもつ鍋王！

宣言

※税込料金で記載　※掲載情報は2023年5月10日時点

超《ウルトラ》GOUR

＼豊富な種類が楽しめる／

福岡のもつ鍋

定番の醤油や味噌のほかにも
バリエーション豊かに進化した、
本場福岡の『もつ鍋』をぜひ！

＼店主の／
超《ウルトラ》宣言

博多の食を通してお客様の「あったらいいな」を追求し続けます！

博多もつ鍋 響
小西さん

SNSの話題を独占！

レモンもつ鍋

新鮮な国産牛の小腸のみを使用した『もつ鍋』が人気の『響』。北海道産昆布を使用した定番の醤油味をはじめ、チゲ、味噌など選べるダシが魅力。特に名物『レモンもつ鍋』は、さっぱりとした味わいで、人気を集めている。

MENU
レモンもつ鍋
（1人前）1,680円
塩だれベースのダシにネギがたっぷり入った逸品。冬季限定で広島産ハートレモンを使用！

博多もつ鍋 響
MAP 5
福岡市博多区綱場町5-28
☎092-281-7755
営業／17:00～23:00（L.O.22:30）
休み／年中無休

MENU
もつ鍋（1人前）
1,386円
もつ鍋のシメはもちろん「チャンポン」で。シメの「チャンポン」はここが発祥とされる。

累計924万人が食べた！元祖の味

山盛りニラもつ鍋

ニラをはじめとする九州産野菜と新鮮な国産黒毛和牛の生もつ6種をミックスした山盛り『もつ鍋』で知られる名店『楽天地』。創業以来40年以上、変わらぬ味を守る醤油ベースのスープは、さっぱりした味でヤミツキになる。

元祖もつ鍋 楽天地 天神今泉総本店
MAP 4
福岡市中央区今泉1-19-18楽天地ビル2F
☎092-738-1767
営業／（日～木）17:00～23:00（L.O.22:30）、（金・土）～24:00（L.O.23:30）
※2023年5月現在、営業時間を変更しております（全日24:00閉店）
休み／年中無休

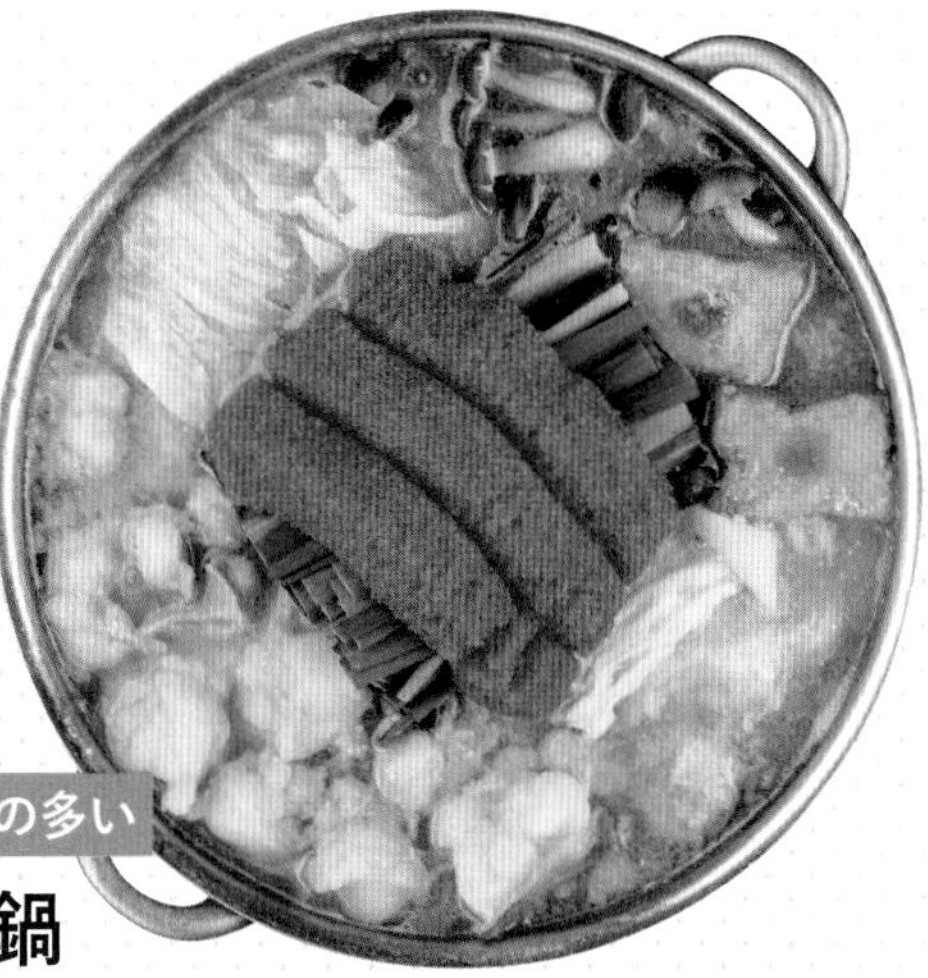

MENU
明太子もつ鍋
（1人前）2,180円
博多の二大名物が一度に楽しめる贅沢な鍋。自慢の特製スープと食材の相性も抜群！

著名人にもファンの多い

明太子もつ鍋

『もつ鍋』『もつ焼』をはじめ、多彩な博多名物が楽しめるお店。中でも、明太子を贅沢に使用した『明太子もつ鍋』は、著名人にもファンの多い逸品。新鮮な国産牛もつの大トロと、明太子のうまみがたまらない。『濃厚クリーミーポタージュ豚骨ラーメン』も人気！

もつ鍋・もつ博多焼き専門店　博多 弁天堂 総本店
MAP 6
福岡市博多区博多駅前3-26-10
☎092-710-7185
営業／18:00～24:00（L.O.23:00）
休み／日曜

世界のもつ鍋王に
俺たちはなる！

楽天地
社長・水谷さん

＼お店の
超《ウルトラ》

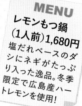

超《ウルトラ》 GOURMET

\ 鶏食文化の本場 /

福岡の 鶏料理

水炊き・焼鳥・かしわ飯など多様な鶏食文化が根付く福岡で、進化する鶏料理を味わおう。

\店主の/ 超《ウルトラ》 宣言

福岡の郷土料理水炊きを通じてすべての人々を幸せにします♥

水炊きあうん 女将・坂本さん

水炊きのシメの新定番

揚げうどん

はかた地どりのガラを丸2日間煮込んだ白濁スープが自慢の水炊き専門店『あうん』。初代料理長が、皿うどんにヒントを得て独自に開発したシメの『揚げうどん』は、スープのうまみを余すことなく味わえると大人気！

MENU
水炊き揚げうどん（単品） 858円
ランチタイム限定で『揚げうどん』が単品で楽しめる！ご飯、おかず付のセットも有り。

はかた地どり 水炊きあうん MAP 7
福岡市中央区舞鶴1-4-1 ハイザックビルB1F
☎092-771-0055
営業／11:40～14:00（日曜日は～15:00）、
17:00～23:00（L.O 22:30）
休み／12/31～1/2

博多の鶏食文化から生まれた新名物

とりまぶし

水炊きや焼鳥など、福岡独自の鶏食文化から生まれた新名物。秘伝のタレで香ばしく焼き上げた鶏をごはんにのせた『とりまぶし』は、薬味や半熟玉子、水炊きのスープを加えて味わえば、幾重にも広がる奥深いうまみに感動間違いなし。

MENU
名物 とりまぶし御膳（並） 1,386円
九州産銘柄鶏『華味鳥』を使用。そのままはもちろん、薬味やスープで味変が楽しめる。

とりまぶし 中洲本店 MAP 8
福岡市博多区中洲5-3-18 Tm-16ビル1F
☎092-260-7273
営業／10:30～22:00（L.O. 21:00）
休み／12/31～1/3

\ 本場ならではの味 /

福岡の 明太子

辛子明太子発祥の地・福岡だから味わえる！
明太子を贅沢に使用した絶品メニューをご紹介！

\店主の/ 超《ウルトラ》 宣言

明太子で福岡を元気に！

マルゲッタ 店長・市川さん

MENU
クリームマルゲッタ 1,780円
濃厚なクリームソースに明太子のうまみがマッチした一品を、熱々のフライパンにのせて。

ふくやの明太子一本を贅沢に使用

めんたいこ生パスタ

日本で初めて明太子を作った『ふくや』の一本物の明太子を使った生パスタが味わえる『マルゲッタ』。明太子が絡みやすいように作られたモチモチの自家製生パスタと、明太子のはじけるうまみが合わさった、贅沢な一皿だ。

めんたいこ生パスタの店 マルゲッタ 唐人町店 MAP 10
福岡市中央区唐人町1-10-1 カランドパーク1F
☎092-707-2928
営業／（月・水・木）11:00～17:00（L.O.16:30）、
（金～日）11:00～16:00（L.O.15:30）、17:00～21:00（L.O.20:30）
休み／火曜

行列に並んでも食べたい逸品！

元祖博多めんたい重

MENU
元祖博多めんたい重 1,848円
朝7:00からの営業だから、朝食利用もOK。お弁当としてテイクアウトも可能。

明太子料理専門店が生んだ究極の明太子料理『元祖博多めんたい重』。ほかほかごはんに自家製の昆布巻き明太子を丸々1本のせ、うまみ成分たっぷりの“特製かけだれ”でいただく、シンプルかつ奥が深い逸品だ。

元祖博多めんたい重 MAP 9
福岡市中央区西中洲6-15
☎092-725-7220
営業／7:00～22:30（L.O.22:00）
休み／年中無休

明太子のおいしさを福岡から世界へ発信！

\店主の/ 超《ウルトラ》 宣言

明太子のウルトラ辛うまさ！一口食べると、その辛さは幸せに変わる！

元祖博多めんたい重 店長・廣島さん

＼海の幸が集まる／

福岡の魚料理

人口10万人あたりの魚料理店軒数No.1かつ漁港取扱高No.1の福岡は、全国有数の魚処！
新鮮でリーズナブルな海の幸を味わおう。

博多の郷土料理専門店

ごまさば

MENU
ごまさば丼定食
1,100円
ご飯、味噌汁、さばの南蛮漬け、漬物は食べ放題。ダシを加えてお茶漬けにしても美味。

MAP 11
博多ごまさば屋
福岡市中央区舞鶴1-2-11
☎092-406-5848
営業／11:00〜14:30（L.O.14:00)、
17:30〜22:30（L.O.22:00)
休み／日曜

さばの刺身に、醤油、いりごま、みりんを加えて和えた、博多の郷土料理『ごまさば』。何とこの『ごまさば』をメインに、魚料理がリーズナブルに味わえる食堂を発見。毎朝長浜市場で目利きされる魚介類は、鮮度抜群だ。

＼店主の／超《ウルトラ》宣言

博多の食文化を多くの人に伝えたい！

ごまさば屋
調理担当・松井さん

くいしん坊修造も福岡のウルトラおいしい食文化を一緒に伝えるぞ！

＼店主の／超《ウルトラ》宣言

玄界灘の海の恵みと博多の土地の恵みをお届けします！

うお田
店長・猿山さん

玄界灘の海の幸を堪能

豪華海鮮丼

玄界灘の鮮魚や糸島野菜などを使用した九州の郷土料理が楽しめる『うお田』。朝は刺身食べ放題のビュッフェ、昼は海鮮丼ランチ、夜は鮮魚をダシしゃぶでいただく名物鍋『うお炊き』のコースやアラカルトが味わえる。

MENU
(左)豪華海鮮丼
(温玉付き) 2,800円
(右)明太いくら玉子焼丼
1,980円
ほかに、九州サーモンいくら丼(2,376円)など、インスタで話題のメニューばかりだ。

MAP 12
博多シーフード うお田
福岡市博多区博多駅前2-8-15 三井ガーデンホテル福岡祇園 1F
☎050-3184-0920
営業／6:30〜10:00(L.O.9:30)、11:30〜16:00(最終入店15:00)、
18:00〜22:00(L.O.21:30)
休み／年中無休（ディナータイムは日曜休み）

＼うどん伝来の地／

福岡のうどん

日本に初めて製麺技術が伝来したと言われる福岡は、多様なうどん文化が花開く街。人気の名店でザ・博多うどんをどうぞ。

長さ32cmの名物

天下三槍うどん

福岡の民謡「黒田節」に出てくる日本号という槍に見立てた長さ32cmの「ごぼう天」が名物の『博多やりうどん』。福岡県産小麦を使った麺に九州産厳選食材にこだわったダシを合わせた本格派博多うどんを堪能しよう。

MAP 14
博多やりうどん 別邸
福岡市博多区下臼井767-1
福岡空港国内線旅客ターミナルビル3F
☎092-623-8821
営業／7:30〜21:00
休み／なし

MENU
天下三槍うどん
(野菜丸天)1,040円
博多うどんの定番トッピング「ごぼう天」3本と、野菜丸天が入った、インパクト大な逸品。

福岡イチの歴史を持つ老舗うどん

ごぼ丸うろん

生粋の博多弁で“かどのうどん”を意味する『かろのうろん』は、創業1882年の老舗。4代目店主が打つ、柔らかくも弾力のある麺と上品な味わいのダシ、厳選された具材が三位一体となった、唯一無二のうどんが味わえる。

MAP 13
かろのうろん
福岡市博多区上川端町2-1
☎092-291-6465
営業／11:00〜19:00
休み／火曜（祝日の場合は営業）

MENU
ごぼ丸うろん
850円
サクサクのごぼう天とモチモチの丸天、二大博多名物が一度に味わえる、欲張りな一杯。

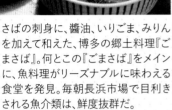

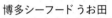

超《ウルトラ》SPOT

世界水泳福岡2023の会場からもアクセスしやすい福岡のウルトラスポットをご紹介！
観戦の記念に、福岡の名所や観光地を訪れて、たくさん思い出を作って帰ろう。

中洲屋台街

福岡最大の歓楽街・中洲の川沿いに並ぶ屋台群は、博多名物の一つ。店舗が密集していて、ネオンが明るいため独特な雰囲気が味わえる。ラーメンだけでなく、洋食や天ぷらなどさまざまなジャンルの屋台グルメが楽しめる！

福岡市博多区中洲
営業／夕方～（店舗ごとに異なる）
定休／店舗ごとに異なる

博多ポートタワー

夜のライトアップも美しい、博多港のシンボルタワー。360度の大パノラマ展望室からは福岡のまちやみなとが一望できる。2020年にライトアップが新しくなり、季節やイベントに合わせた演出が行われることも！

福岡市博多区築港本町14-1
営業／10:00～17:00（最終入場16:40）
休み／水曜（祝日の場合は翌平日）、
年末年始（12月29日～1月3日）

櫛田神社

博多祇園山笠が奉納される神社で6月を除く通年、飾り山笠を展示。「お櫛田さん」の愛称で親しまれ、博多の総鎮守として長い歴史を持つ。コンパクトながらも魅力がたっぷり詰まっている。

福岡市博多区上川端町1-41
営業／終日開放
休み／なし

福岡タワー

全長234m。福岡の街並みが一望できる、日本一の海浜タワー。高さ123m地点の展望台では空中散歩が楽しめるVR体験も。博多湾に沈む美しい夕日からきらめく福岡市の夜景まで見応えたっぷり。

福岡市早良区百道浜2-3-26
営業／9:30～22:00（最終入館21:30）
休み／2023年6月26日、27日

で、福岡のお土産を厳選！

筑紫もち

（3個入）486円

モンド・セレクション最高金賞受賞。博多っ子が愛する銘菓。
■筑紫菓匠 如水庵 博多駅前本店
☎092-475-0052

プレミアムめんべい

（2枚×5袋）540円

福岡土産「めんべい」でお馴染み、福太郎の博多阪急限定商品。
■めんべい博多阪急店
☎092-419-5978

創作茶漬け 梅入り 鯛茶漬け

（1食入）583円

創業百三十余年の老舗「久右衛門」ならではの新感覚茶漬け。
■林久右衛門商店
☎0120-516-080

博多通りもん

（5個パック入）720円

柔らかいしろ餡が舌の上でとろける、博多の傑作まんじゅう。
■明月堂 博多駅マイング1号店
☎092-441-6445

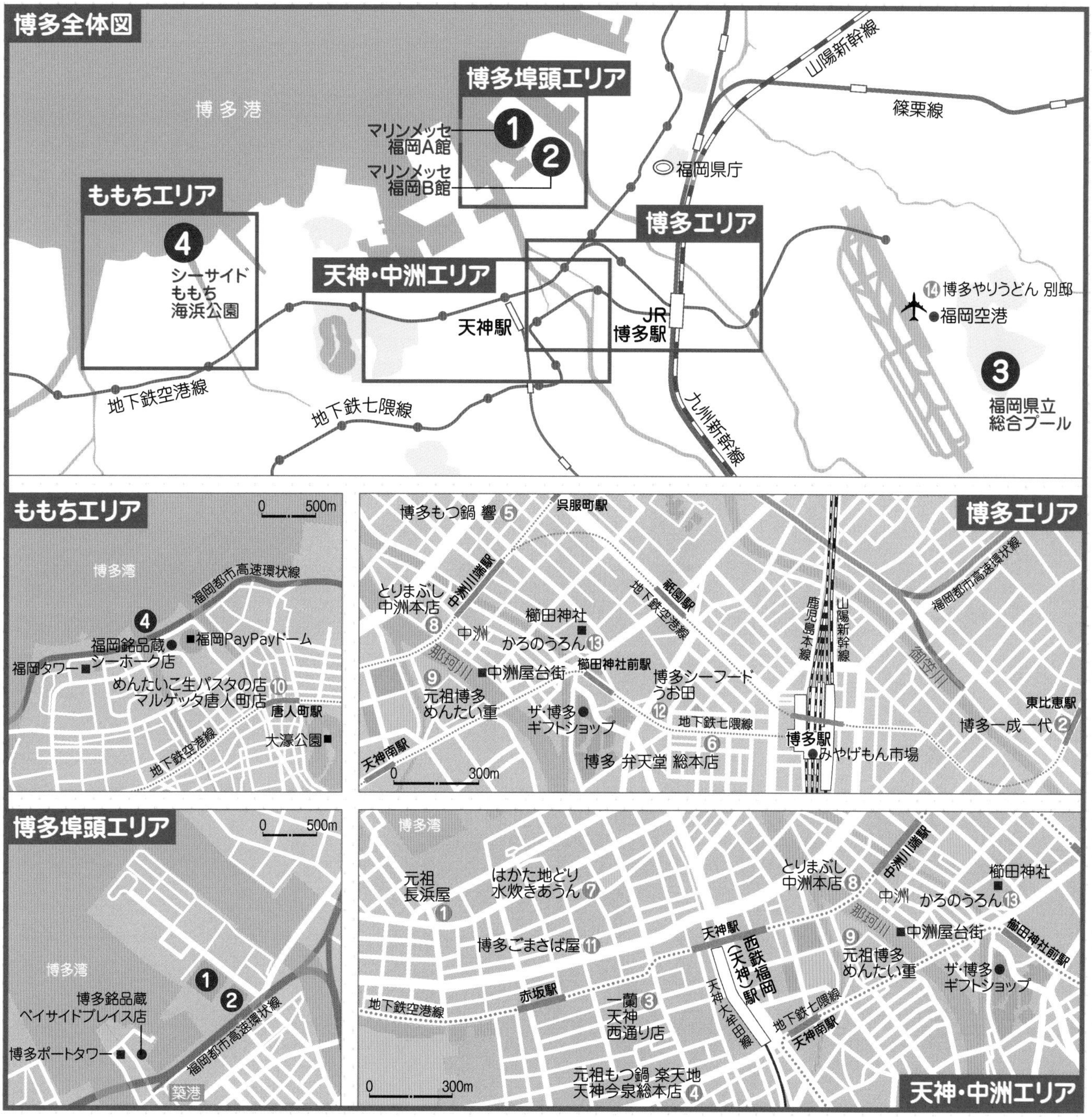

ハズせない定番から新感覚のアイテ

福岡みやげは
ここで買おう!

博多

●**博多デイトス1階**
「**みやげもん市場**」
福岡市博多区博多駅中央街1-1
☎092-451-2561

●**福岡空港**
福岡市博多区下臼井778-1
☎092-621-6059

天神・中洲

●**キャナルシティ博多センターウォーク北側B1F**
ザ・博多 ギフトショップ
福岡市博多区博多駅中央街1-1
☎092-263-2205

ももち

●**ヒルトン福岡シーホーク4F**
「**福岡銘品蔵 シーホーク店**」
福岡市中央区地行浜2-2-3
☎092-833-1009

博多埠頭

●**ベイサイドプレイス博多1階 C館**
「**博多銘品蔵ベイサイドプレイス店**」
福岡市博多区築港本町13-6
☎092-281-3011

博多あまび
(1箱)1,620円

"切ない味"を実現した福岡県産あまおう苺入りわらび餅。5月末頃～11月下旬までの期間限定販売!
■伊都きんぐ 博多マイング店
☎092-472-1539

ハカタマカロン「粋」
(5個入)1,500円

博多織献上柄をまとった粋なマカロン。3つの味が1セットに!
■ホテルオークラ福岡 ペストリーブティック
☎ 092-262-3585

開会式　7月14日（金）20：00

閉会式　7月30日（日）

※スケジュールは変更の可能性があります

7月23日（日）	7月24日（月）	7月25日（火）	7月26日（水）	7月27日（木）	7月28日（金）	7月29日（土）	7月30日（日）
競泳　会場：マリンメッセ福岡A館							
予選							
10:30〜14:45 **	10:30〜13:15 **	10:30〜13:15 **	10:30〜13:30 **	10:30〜13:15 **	10:30〜13:15 **	10:30〜13:30 **	10:30〜12:30 **
女子200m 個人メドレー	女子100m 背泳ぎ	男子50m 平泳ぎ	女子50m 背泳ぎ	女子100m 自由形	男子100m バタフライ	女子50m 自由形	女子400m 個人メドレー
男子400m 自由形	男子100m 背泳ぎ	女子200m 自由形	男子100m 自由形	男子200m 背泳ぎ	女子200m 背泳ぎ	男子50m 背泳ぎ	男子4×100m メドレーリレー
女子100m バタフライ	女子100m 平泳ぎ	男子200m バタフライ	男子200m 個人メドレー	女子200m 平泳ぎ	男子50m 自由形	女子50m 平泳ぎ	女子4×100m メドレーリレー
男子50m バタフライ	男子200m 自由形	男子800m 自由形	女子200m バタフライ	男子200m 平泳ぎ	女子50m バタフライ	混合4×100m フリーリレー	
女子400m 自由形	女子1500m 自由形		混合4×100m メドレーリレー	女子4×200m フリーリレー	男子4×200m フリーリレー	男子1500m 自由形	
男子100m 平泳ぎ					女子800m 自由形		
男子400m 個人メドレー							
女子4×100m フリーリレー							
男子4×100m フリーリレー							
決勝・準決勝							
20:00〜22:20	20:00〜21:50	20:00〜22:05	20:00〜22:15	20:00〜22:15	20:00〜22:10	20:00〜22:15	20:00〜22:30
男子400m 自由形決勝	男子100m 平泳ぎ決勝	男子200m 自由形決勝	男子800m 自由形決勝	女子200m バタフライ決勝	女子100m 自由形決勝	女子50m バタフライ決勝	男子50m 背泳ぎ決勝
女子100m バタフライ	女子100m バタフライ決勝	女子1500m 自由形決勝	女子200m 自由形決勝	女子100m 自由形	男子100m バタフライ	男子50m 自由形決勝	女子50m 平泳ぎ決勝
男子50m バタフライ	男子100m 背泳ぎ	男子50m 平泳ぎ	男子100m 自由形	男子100m 自由形決勝	女子200m 背泳ぎ	女子50m 自由形	男子1500m 自由形決勝
女子400m 自由形決勝	女子100m 平泳ぎ	女子100m 背泳ぎ決勝	女子50m 背泳ぎ	女子50m 背泳ぎ決勝	男子50m 自由形	女子50m 平泳ぎ	女子50m 自由形決勝
男子100m 平泳ぎ	男子50m バタフライ決勝	男子100m 背泳ぎ決勝	男子200m バタフライ決勝	男子200m 平泳ぎ	女子200m 平泳ぎ決勝	男子100m バタフライ決勝	女子400m 個人メドレー決勝
女子200m 個人メドレー	女子100m 背泳ぎ	女子200m 自由形	男子50m 平泳ぎ決勝	男子200m 個人メドレー決勝	男子200m 背泳ぎ決勝	女子200m 背泳ぎ決勝	男子4×100m メドレーリレー決勝
男子400m 個人メドレー決勝	男子200m 自由形	男子200m バタフライ	女子200m バタフライ	女子200m 平泳ぎ	女子50m バタフライ	男子50m 背泳ぎ	女子4×100m メドレーリレー決勝
女子4×100m フリーリレー決勝	女子200m 個人メドレー決勝	女子100m 平泳ぎ決勝	男子200m 個人メドレー	男子200m 背泳ぎ	男子200m 平泳ぎ決勝	女子800m 自由形決勝	
男子4×100m フリーリレー決勝			混合4×100m メドレーリレー決勝	女子4×200m フリーリレー決勝	男子4×200m フリーリレー決勝	混合4×100m フリーリレー決勝	

放送予定など最新情報はテレ朝水泳サイトへ

会場 VENUES

MAP はP.93参照

マリンメッセ福岡A館

福岡市博多区沖浜町7-1

MAP❶

マリンメッセ福岡B館

福岡市博多区沖浜町2-1

MAP❷

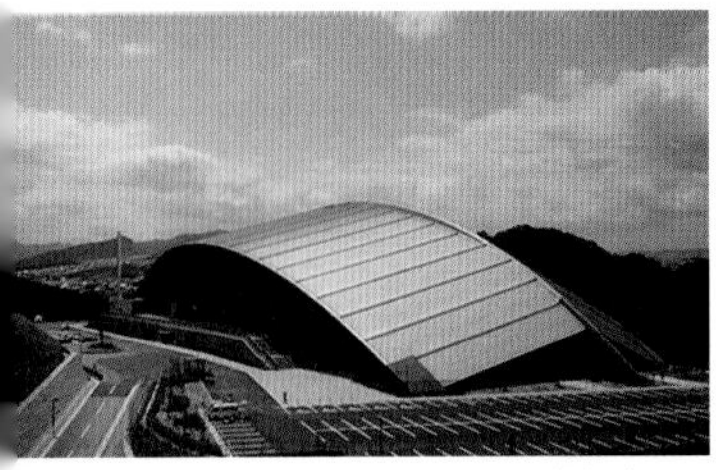

提供：福岡県

福岡県立総合プール

福岡市博多区東平尾公園2-1-3

MAP❸

提供：福岡市

シーサイドももち海浜公園

福岡市中央区地行浜2

MAP❹

世界水泳 福岡2023

チケット購入のご案内

『水泳の聖地・福岡』で繰り広げられる世界トップスイマーたちの決戦を、会場で見届けよう。全種目のチケットがオンラインで購入できます。発売スケジュールや券種、料金などは下記にてご案内しています。

チケット情報、ご購入はこちらから

※申込に際して、販売サイトの会員登録が必要となります。
※ご購入にあたっての注意事項は、販売サイトをご確認ください。

競技日程 SCHEDULE

7月14日(金)	7月15日(土)	7月16日(日)	7月17日(月)	7月18日(火)	7月19日(水)	7月20日(木)	7月21日(金)	7月22日(土)
アーティスティックスイミング　会場：マリンメッセ福岡A館								
9:00～11:00 ** 女子ソロ テクニカル予選	10:00～11:45 ** アクロバティック ルーティン予選	10:00～12:00 ** チーム テクニカル予選	9:00～11:45 ** 女子ソロ フリー予選	9:00～11:00 ** デュエット フリー予選		10:00～12:00 ** チーム フリー予選	10:00～11:00 * ミックスデュエット フリー予選	10:00～11:30 ミックスデュエット フリー決勝
12:00～14:00 ** 男子ソロ テクニカル予選				12:00～14:00 ** デュエット フリー予選				12:30～13:30 ガラ エキシビション
15:00～16:40 ** デュエット テクニカル予選	14:00～15:00 * ミックスデュエット テクニカル予選	16:30～18:00 ミックスデュエット テクニカル決勝	14:00～15:30 男子ソロ テクニカル決勝	15:00～17:00 ** 男子ソロ フリー予選	16:30～18:00 男子ソロ フリー決勝			
17:50～19:30 ** デュエット テクニカル予選	19:30～21:00 女子ソロ テクニカル決勝	19:30～21:00 デュエット テクニカル決勝	19:30～21:00 アクロバティック ルーティン決勝	19:30～21:00 チーム テクニカル決勝	19:30～21:00 女子ソロ フリー決勝	19:30～21:00 デュエット フリー決勝	19:30～21:00 チーム フリー決勝	
飛込　会場：福岡県立総合プール								
10:00～13:00 ** 女子1m 飛板飛込 予選	9:00～11:00 ** 男子3m シンクロ 飛板飛込予選	10:00～11:15 ** 女子10m シンクロ 高飛込予選	9:00～10:45 ** 女子3m シンクロ 飛板飛込予選	10:00～12:45 ** 女子10m 高飛込 予選	9:00～13:45 ** 男子3m 飛板飛込 予選	9:00～12:15 ** 女子3m 飛板飛込 予選	9:00～12:30 ** 男子10m 高飛込 予選	
	12:30～14:00 ** ミックス10m シンクロ 高飛込決勝		12:30～14:15 ** 男子10m シンクロ 高飛込予選					
15:00～19:00 ** 男子1m 飛板飛込 予選	15:30～16:45 女子1m 飛板飛込 決勝	14:30～16:00 男子1m 飛板飛込 決勝	15:30～16:45 女子3m シンクロ 飛板飛込決勝	14:30～16:00 女子10m 高飛込 準決勝	15:30～17:00 男子3m 飛板飛込 準決勝	14:30～16:00 女子3m 飛板飛込 準決勝	15:30～17:00 男子10m 高飛込 準決勝	15:30～17:00 ミックス3m シンクロ 飛板飛込決勝
	18:00～19:30 男子3m シンクロ 飛板飛込決勝	18:00～19:30 女子10m シンクロ 高飛込決勝	18:00～19:30 男子10m シンクロ 高飛込決勝	18:00～19:30 3m/10m チーム イベント決勝	18:00～19:30 女子10m 高飛込 決勝	18:00～19:30 男子3m 飛板飛込 決勝	18:00～19:30 女子3m 飛板飛込 決勝	18:30～20:00 男子10m 高飛込 決勝

水球　会場：マリンメッセ福岡B館

ラウンド		男子	女子
予選		**7月17日(月)、19日(水)、21日(金)**	**7月16日(日)、18日(火)、20日(木)**
	日本戦	vs.ハンガリー :7月17日(月)19:00～ vs.アルゼンチン :7月19日(水)19:00～ vs.クロアチア :7月21日(金)19:00～	vs.ニュージーランド :7月16日(日)19:00～ vs.ハンガリー :7月18日(火)19:00～ vs.カナダ :7月20日(木)19:00～
決勝	クロスオーバー	**7月23日(日)**	**7月22日(土)**
	準々決勝	**7月25日(火)**	**7月24日(月)**
	準決勝	**7月27日(木)**	**7月26日(水)**
	決勝	**7月29日(土)**	**7月28日(金)**

オープンウォータースイミング
会場：シーサイドももち海浜公園

7月15日(土)	8:00～10:15	女子10km
7月16日(日)	8:00～10:15	男子10km
7月18日(火)	8:00～9:15	女子5km
7月18日(火)	10:00～11:15	男子5km
7月20日(木)	8:00～9:30	チームリレー6km

ハイダイビング
会場：シーサイドももち海浜公園

7月25日(火)	11:30～12:45	女子1-2ラウンド
7月25日(火)	14:00～15:30	男子1-2ラウンド
7月26日(水)	12:00～13:15	女子3-4ラウンド
7月27日(木)	12:00～13:30	男子3-4ラウンド

* エントリー数が基準数を超えた場合のみ、予選を実施します
** 種目の終了時刻は最終エントリー数によって変わる場合があります

一緒に“ウルトラ宣言”をしよう!

君も選手や福岡の人々と一緒に“ウルトラ宣言”を書いてみよう。今の自分を超える、そのイメージを持つことが大事なんだ! 誰かのために書くのではなく、自分のために書く。できる、できないじゃない。書くことがウルトラなんだ! ウルトラ宣言をしたら、君も僕たちの仲間入りだ!

世界水泳 福岡2023
ガイドブック

2023年6月16日発行
発行人 三雲薫
編集人 大久保昌秀

株式会社文化工房
〒106-0032 東京都港区六本木5-10-31
03-5770-7100
(販売直通)03-5770-7108

乱丁・落丁はお取替えいたします。

STAFF

EDITOR IN CHIEF
大野亜希

EDITORIAL STAFF
御手洗由香
山田夏海
佐藤彪
笹屋帆乃か
金田尚久

WRITER
田坂友暁
牧野豊
矢内由美子
いわくまみちこ(マイアミ企画)

ART DIRECTOR
下舘洋子

DESIGN
千葉克彦
中島由香
オゾングラフィックス

PHOTOGRAPHER
高須力
小川和行
内田達也
篠原隆人(スパイスパイス)
山口楊平(roba)
高島一夫
日下将樹

SALES
井上美都絵

PRINTING
シナノ印刷株式会社

COOPERATION
テレビ朝日

ISBN978-4-910596-15-0